"一带一路"列国人物传系 总主编◎王丽

热情如火之国

西班牙7人传

王灵桂 段 珩◎主编

华文出版社
中国出版集团公司

图书在版编目（CIP）数据

西班牙7人传：热情如火之国 / 王灵桂，段珩主编.
—— 北京：华文出版社，2017.5
（"一带一路"列国人物传系）
ISBN 978-7-5075-4682-8

Ⅰ．①西… Ⅱ．①王…②段… Ⅲ．①人物-列传-西班牙 Ⅳ．①K835.51

中国版本图书馆CIP数据核字（2017）第081105号

西班牙7人传

主　　编：	王灵桂　段　珩
责任编辑：	谭　笑　黄彩霞
出版发行：	华文出版社
社　　址：	北京市西城区广外大街305号8区2号楼
邮政编码：	100055
网　　址：	http://www.hwcbs.com.cn
投稿信箱：	784263235@qq.com
电　　话：	总编室 010-58336239　发行部 010-58336267/58336230
	责任编辑 010-58336237
经　　销：	新华书店
印　　刷：	三河市东方印刷有限公司
开　　本：	880×1230　1/32
印　　张：	7.625
字　　数：	123千字
版　　次：	2018年7月第1版
印　　次：	2018年7月第1次印刷
标准书号：	ISBN 978-7-5075-4682-8
定　　价：	38.00元

版权所有　侵权必究

"'一带一路'列国人物传系"编辑委员会

指导单位：
中国文学艺术界联合会
中国社会科学院国家全球战略智库

编委会：
总主编： 王 丽
副主编： 唐得阳　王灵桂
委　员：（按姓氏笔画排序）

丁 冬	丁闻琦	丁 超	于 青	于福龙	马细谱	王 丽
王灵桂	王建沂	王郦久	王春阳	王洪起	王宪举	王 渊
文 炜	邓 伟	白明亮	冯玉芝	成 功	朱可人	刘 文
刘思彤	刘铨超	刘淅萍	安国君	孙钢宏	苏 秦	杜荣友
李一鸣	李永全	李垂发	李绍先	李玲玲	李贵方	李润南
宋 健	张 宁	张 敏	陈小明	邵诗洋	邵逸文	周由强
周 戎	周国长	庞亚楠	郑跃文	胡圣文	姜林晨	高子华
唐岫敏	唐得阳	董 鹏	韩同飞	景 峰	谢路军	翟文婧
鞠思佳						

支持单位：
中国社会科学院俄罗斯东欧中亚研究所
北京融商一带一路法律与商事服务中心

法律顾问：
北京德恒律师事务所

总　序

群星闪耀"一带一路"

"2100多年前，中国汉代的张骞肩负和平友好使命，两次出使中亚，开启了中国同中亚各国友好交往的大门，开辟出一条横贯东西、连接欧亚的丝绸之路。"①2013年9月7日，中国国家主席习近平在哈萨克斯坦纳扎尔巴耶夫大学发表演讲，以博古通今的睿智对大学生们娓娓道来丝绸之路古老而年轻的故事。

"我的家乡陕西，就位于古丝绸之路的起点。站在这里，回首历史，我仿佛听到了山间回荡的声声驼铃，看到了大漠飘飞的袅袅孤烟。这一切，让我感到十分亲切。哈萨克斯坦这片土地，是古丝绸之路经过的地方，曾经为沟通东西方文明，促进不同民族、不同文化相互交流和合作作出过重要贡献。

---

① 《习近平谈治国理政》，外文出版社，2014年10月第1版，第287页。

东西方使节、商队、游客、学者、工匠川流不息，沿途各国互通有无、互学互鉴，共同推动了人类文明进步。""不同种族、不同信仰、不同文化背景的国家完全可以共享和平、共同发展。这是古丝绸之路留给我们的宝贵启示"，"为了使我们欧亚各国经济联系更加紧密、相互合作更加深入、发展空间更加广阔，我们可以用创新的合作模式，共同建设'丝绸之路经济带'"。①推己及人，高瞻远瞩，引领时代，习主席在阿斯塔纳②通过哈萨克斯坦人民，首次向世界发出了让古老的丝路精神再次焕发青春和光彩的时代宣言。

2013年10月3日，习主席在印度尼西亚国会发表了题为《共同建设二十一世纪"海上丝绸之路"》的演讲："东南亚地区自古以来就是'海上丝绸之路'的重要枢纽，中国愿同东盟国家加强海上合作，使用好中国政府设立的中国－东盟海上合作基金，发展好海洋合作伙伴关系，共同建设21世纪'海上丝绸之路'"，"发挥各自优势，实现多元共生、包容共进，共同造福于本地区人民和世界各国人民"。③这个倡议和9月7日的演讲异曲同工、

---

① 《习近平谈治国理政》，外文出版社，2014年10月第1版，第287页。
② 哈萨克斯坦新首都名称。
③ 同①，第293–295页。

遥相呼应、互为映衬，完整地提出了"丝绸之路经济带"和"21世纪海上丝绸之路"的宏伟构想。

从广袤的亚欧腹地哈萨克斯坦到风光旖旎的印度尼西亚，习主席提出的"丝绸之路经济带"和"21世纪海上丝绸之路"吸引了世界各国的目光。从2013年9月至2016年8月，习近平出访37个国家（亚洲18国、欧洲9国、非洲3国、拉美4国、大洋洲3国），对"一带一路"倡议的总体框架和基本内涵做了充分阐述。和平合作、开放包容、互鉴互学、互利共赢的丝路精神，共商、共建、共享的合作理念，驱散了"去全球化"的阴霾，为增长低迷的世界经济注入新的动能。各国纷纷将本国经济发展与中国政府制定的《推动共建丝绸之路经济带和21世纪海上丝绸之路的愿景与行动》规划相衔接。"一带一路"倡导的政策沟通、设施联通、贸易畅通、资金融通、民心相通等"五通"，正在以基础设施、经贸合作、产业投资、能源资源、金融支撑、人文交流、生态环保、海洋合作等为载体和依托，在全球掀起了投资兴业、互联互通、技术创新、产能合作的新势头。2016年中国牵头成立有57个成员国加入的亚洲基础设施投资银行（AIIB），2017年3月23日迎来13个新伙伴。孟加拉配电系统升级扩容项目、印尼全国棚户区改造项目、巴基斯坦国家高速公路项目和塔吉克斯坦杜尚别至乌兹别克斯坦道路改造项目已经获得亚投行金融支持，共商共建成为现实。

"一带一路"倡议得到国际社会的热烈响应。2016年11月17日，第71届联合国大会193个成员一致赞同，通过了第A/71/9号决议，欢迎"一带一路"倡议，敦促各国通过参与"一带一路"，呼吁国际社会为开展"一带一路"建设提供安全保障环境。2017年3月17日，联合国安理会全票赞成，一致通过第2344号决议，呼吁国际社会凝聚援助阿富汗共识，通过"一带一路"建设等加强区域经济合作，敦促各方为"一带一路"建设提供安全保障环境。

2017年1月，习近平主席在联合国日内瓦总部发表题为《共同构建人类命运共同体》的重要演讲，全面深入系统阐述人类命运共同体重大理念，在国际上引起热烈反响，受到各方普遍欢迎和高度评价。3月23日，联合国人权理事会第34次会议通过关于"经济、社会、文化权利"和"粮食权"两个决议，决议明确表示要通过"一带一路"建设"构建人类命运共同体"。这是人类命运共同体重大理念首次载入人权理事会决议，标志着这一理念成为国际人权话语体系的重要组成部分。

"一带一路"不是中国的独角戏，是与亚、欧、非洲及世界各国共同奏响的交响乐。中国恪守联合国宪章的宗旨和原则，坚持开放合作、和谐包容、政策沟通，培育政治互信，建立合作共识，协调发展战略、促进贸易便利化及多边合作体制机制。中国携手100多个国家和地区，依托国际大通道，以陆上沿线中心城市为支撑，以重点经贸产业园区为合作平台，共同打造新亚欧大陆桥、中蒙俄、中国－中亚－西亚、中巴、孟中印缅、中国－中南半岛等国际经济合作走廊进展顺利，中欧班列在贸易畅通上动力强劲，风景亮丽；以海上重点港口为节点，共同建设通畅安全高效的运输通道，实现陆海路径的紧密关联和合作，太平洋、印度洋、大西洋上巨轮往来频繁，不亦乐乎。亚太经合组织、亚欧会议、大湄公河次区域合作等有关决议或文件，都体现了"一带一路"建设内容。丝路基金、开发性金融、供应链金融汇聚全球财富，建设绿色、健康、智慧与和平的丝绸之路，增进各国民众福祉。

"一带一路"是人类历史上从未有过的恢弘蓝图，也是横跨亚非欧连接世界各国的暖心红线。"丝绸之路经济带"包括中国经中亚、俄罗斯至欧洲（波罗的海），中国经中亚、西亚至波斯湾、地中海，中国至东南亚、南亚、印度洋；"21世纪海上丝绸之路"包括从中国沿海港口过南海到印度洋再延伸至欧洲和到南太平洋。一路驼铃声声、舟楫相望,互通有无、友好交往。

在新的时代,在创新古老丝路精神的伟大进程中,习主席专门缅怀丝路开拓者,特意致敬古丝路精神奠基人:"我们的祖先在大漠戈壁上'驰命走驿,不绝于时月',在汪洋大海中'云帆高张,昼夜星驰',走在了古代世界各民族友好交往的前列。甘英、郑和、伊本·白图泰是我们熟悉的中阿交流友好使者。丝绸之路把中国的造纸术、火药、印刷术、指南针经阿拉伯地区传播到欧洲,又把阿拉伯的天文、历法、医药介绍到中国,在文明交流互鉴史上写下了重要篇章。千百年来,丝绸之路承载的和平合作、开放包容、互学互鉴、互利共赢精神薪火相传。"① 这种吃水不忘挖井人的情怀,再次展现了中华民族不忘历史、纪念先贤、展望未来的优秀文化基因,也为中国传记文学学会参加"一带一路"建设指明了方向和道路。

在古老的丝绸之路上,我们不曾相忘:张骞出使西域到过的哈萨克斯坦,山高水长的好邻居巴基斯坦,双头鹰下横跨欧亚之国俄罗斯,草原之国蒙

---

① 习近平:《弘扬丝路精神,深化中阿合作》,2014年6月5日,习近平在中—阿合作论坛第六届部长级会议开幕式上的讲话,《人民日报》6月6日第1版。

古，喜马拉雅浮世天堂尼泊尔，菩提恒河保佑之国印度，文化瑰宝伊朗，首创法典之国伊拉克，红海门户之国也门，石油王国沙特阿拉伯，波斯湾明珠巴林，雪松之国黎巴嫩，海湾之秀科威特，沙漠之巅阿联酋，半岛明珠之国卡塔尔，波斯湾霍尔木兹海峡守门人阿曼，万湖之国白俄罗斯，欧亚十字路口土耳其，流着奶和蜜之地以色列，欧洲粮仓乌克兰，亚平宁半岛上的文化巅峰意大利，阿尔卑斯之巅的瑞士，玫瑰之国保加利亚，与灵魂对话的思辨之国德意志，欧洲文化殿堂法兰西，欧洲客厅比利时，郁金香之国荷兰，热情如火的西班牙，还有正在脱欧的绅士国度英国，北非金字塔之国埃及，非洲屋脊奉马蹄莲为国花的埃塞俄比亚，香草大岛之国马达加斯加，等等。

　　沿着海上丝绸之路，我们会领略丛林花园之国马来西亚，花园国度新加坡，千岛之国菲律宾，赤道翡翠之国印度尼西亚；沿澜沧江一路南下，我们不曾相忘澜湄泽润之国越南，千佛之国泰国，高棉的微笑之国柬埔寨，万象之都老挝，印度洋上明珠之国斯里兰卡，印度洋上的明星和钥匙毛里求斯，堆金积玉之国文莱，追求自由之国东帝汶，印度洋世外桃源马尔代夫，骑在羊背上的国家澳大利亚，上帝的后花园新西兰，等等。

"一带一路"沿线国家里,那些千百年来影响了人类与国家、民族命运并与中国曾经有过交往的古今人物,至今还能在教科书、影视剧里看到他们,还能感受到他们在一代一代年轻人身上所生发的影响和魅力。

当然,对于中国人来说,更为熟悉的是丝绸之路的开拓者。曾记否?丝绸之路开拓者中,有汉武帝和他的使节们,有首开大唐盛世的唐太宗及其无数臣民,有再续睦邻通商航海路的宋祖朝廷和无数先贤,还有金戈铁马风漫卷的元代人物,一统江山万里帆的明代人物,环球凉热自清浊的清代人物,东西碰撞溅火花的近代人物,还有经受风雨变迁、勇立海国之志的现代人物,更有丝路明珠敦煌莫高窟的守护者,卫国助邻的将军和通司中外的外交家们。当然,数风流人物,还看今朝,我们不能不浓墨重彩地讴歌那些智通商海,投身到新丝路建设中的当代人物。

耕云播雨,香火延续,智慧传承,历史再续!2100多年的友好交往历史从未隔断,惠及三大洲的中西交通从未停歇,21世纪的"中国梦"和"世界梦"汇成了人类命运共同体的时代和弦,响彻在"一带一路"辽阔的长空。也正因如此,2017年5月,北京喜迎来自"一带一路"相关国家的元首、政府首脑、前政要、知名企业家和专家学者等各界代表，以及国际组织的负责人等千名领袖，出席"'一带一路'国际合作高峰论坛"。"千人盛会"共襄"团结互信、平等互利、包容互鉴、合作共赢"①之盛举，共商"沿线各国共同把蛋糕做大，一起分蛋糕"之合作共赢大计。这是中华民族和世界历史上都应该铭记的大日子。

以人物传记写作为己任的中国传记文学学会，在"一带一路"倡议实施中，肩负"讲好一带一路民心相通好故事"的使命和责任，这也是国家赋予我们的根本职责和任务。在中国文学艺术界联合会的领导下，在中国社会科学院国家全球战略智库指导下，中国传记文学学会以赤诚的家国情怀、强烈的时代精神、为人传记的责任担当，在认真调研、周密谋划、精心组织基础上，毅然决定倾注全力组织编写出版"'一带一路'列国人物传系"。此煌煌百卷传系讲述近千名各国人物故事，集数百位专家作家尽心挥毫，去冬今春，夜以继日……幸得中国出版集团公司华文出版社出版发行。于是，各位读者得以读到手中的这套活泼而不失厚重、有趣而不失学养的列国人物合传书卷。

---

① 习近平：《弘扬人民友谊，共创美好未来》，2013年9月7日，习近平主席在哈萨克斯坦纳扎尔巴耶夫大学的演讲。

孔子曰:"仁者,人也。"让各国的先贤智者的思想光辉,照亮我们探索人类未来的道路。

传记明志,落笔为文,是为总序。

中国传记文学学会会长
"'一带一路'列国人物传系"编委会总主编
王丽 博士
2018年3月8日

General Editor's Preface

The Belt and Road Initiative was conceived in 2013. On September 7, 2013, Chinese President Xi Jinping proposed for the first time the blueprint in a speech at Nazarbayev University during his visit to Kazakhstan:

Over 2,100 years ago during China's Han Dynasty, a Chinese imperial envoy Zhang Qian visited Central Asia twice to open the door to friendly contacts between China and Central Asian countries as well as the transcontinental Silk Road linking East and West, Asia and Europe.

Shaanxi, my home province, is right at the starting point of the ancient Silk Road. Today, as I stand here and look back into history, I could almost hear the camel bells ringing in the mountains and see the wisps of smoke rising from the desert. It has brought me close to the place I am visiting. Sitting on the ancient Silk Road, Kazakhstan has made important contributions to the exchanges and cooperation between different nations and cultures. This land has witnessed a steady stream of envoys, caravans, travelers, scholars and artisans traveling between the East and the West. The exchanges and mutual learning thus made possible have contributed to the progress of human civilization.

... Countries with differences in race, belief and cultural background are fully capable of sharing peace and development. This is the valuable inspiration we have drawn from the ancient Silk Road.

... To forge closer economic ties, deepen cooperation and expand development opportunities between Eurasian countries, we should innovate the mode of cooperation and jointly build an "economic belt along the Silk Road".[①] Considering the interests of the world commnity, taking a broad and long view and leading the new era, in Astana, President Xi, through the people of Kazakhstan, for the first time issued a declaration to the world that the old Silk Road

---

[①] Xi Jinping, *The Governance of China* (Beijing: Foreign Languages Press, 2014) 287.

spirit would once again be rejuvenated and radiant.

On October 3, 2013, President Xi brought up this topic again in his address to the Indonesian Parliament under the title "Jointly Building the 21st Century Maritime Silk Road":

> Southeast Asia has since ancient times been an important hub along the ancient Maritime Silk Road. China will strengthen maritime cooperation with ASEAN countries to make good use of the China-ASEAN Maritime Cooperation Fund set up by the Chinese government and vigorously develop maritime partnership in a joint effort to build the Maritime Silk Road of the 21st century. China is ready to expand its practical cooperation with ASEAN countries across the board, supplying each other's needs and complementing each other's strengths, with a view to jointly seizing opportunities and meeting challenges for the benefit of common development and prosperity.[①]

The two talks framed the full picture of the

---

① Xi Jinping, *The Governance of China* (Beijing: Foreign Languages Press, 2014) 293-295.

conceptual "Silk Road Economic Belt" and the "21st Century Maritime Silk Road", which are collectively referred to as "The Belt and Road Initiative". Between September 2013 and August 2016, President Xi visited 37 countries (18 in Asia, 9 in Europe, 3 in Africa, 4 in Latin America and 3 in Oceania), giving a full exposition of the Belt and Road Initiative, from its overall framework to various details. The milieus of peaceful and all-win cooperation, financial integration, trade liberalization, and people-to-people bonds dispel the haze of anti-globalization and inject new vitality to the stagnant world economy.

The Belt and Road Initiative has been received with global enthusiasm. On November 17, 2016, all 193 member states of the United Nations unanimously passed the Resolution No. A/71/9 during the 71st Session of the United Nations General Assembly. This resolution endorsed China's Belt and Road Initiative, encouraged UN member countries to participate in the Initiative, and urged the international community to provide a safe environment for the implementation of the Initiative.

The Belt and Road Initiative is not a solo of China, but a symphony of countries from Asia, Europe, Africa and the rest of the world. By observing the Charter of the United Nations, China adheres to openness and cooperation, harmony and inclusiveness as well as policy coordination in order to bolster mutual political trust, reach cooperation consensus, coordinate development strategies, facilitate trade, and introduce multilateral cooperation mechanisms. China has established partnerships with over 100 countries and international organizations with the goal of jointly building a new Eurasian Land Bridge and developing China–Mongolia–Russia, China–Central Asia–West Asia, China–Pakistan, Bangladesh–China–India–Burma, and China–Indochina Peninsula economic corridors by taking advantage of international transport routes, relying on core cities along the Belt and Road and using key economic industrial parks as cooperation platforms. At sea, the Initiative will focus on jointly building smooth, secure and efficient transport routes connecting major sea ports along the Belt and Road, so as to achieve a closer connection and cooperation between land and sea routes, with the Pacific, Indian and Atlantic Oceans frequented by ships and vessels. Meanwhile, the Asia-Pacific Economic Cooperation

(APEC), the Asia-Europe Meeting (ASEM), the Greater Mekong Subregion (GMS) Economic Cooperation and many other regional cooperation mechanisms have included the Belt and Road Initiative in their relevant resolutions and documents.

We shall never forget the countries along the ancient Silk Road: Kazakhstan, the country visited by the Han Dynasty imperial envoy Zhang Qian; Pakistan, China's friendly neighbor bound by mountains and rivers; Russia, a country symbolized by a double headed eagle; Mongolia, the prairie country; Nepal, the paradise on the Himalayas; India, a land blessed by the holy river Ganges; Iran, a country full of cultural treasures; Iraq, the country where the famous *Code of Hammurabi* originates from; Yemen, the gate to the Red Sea; Saudi Arabia, the kingdom of petroleum; Bahrain, the pearl of the Persian Gulf; Lebanon, a country of cedars; Kuwait, a rising star of the Persian Gulf; United Arab Emirates, a diamond on the desert; Qatar, a gem on the Arabian Peninsula; Oman, the gatekeeper of the Hormuz Strait; Byelorussia, a country with myriad lakes; Turkey, the center of the crossroads of Eurasia; Israel, a country full of milk and honey; Ukraine, the granary of Europe;

Italy, the pinnacle of culture on the Apennine Peninsula; Switzerland, a country in the Alps; Bulgaria, the land of roses; Germany, a home to great minds; France, the cultural palace of Europe; Belgium, the drawing room of Europe; the Netherlands, a garden of tulips; Spain, the land of passion; United Kingdom, the country of gentlemen which is breaking from the EU; Egypt, a country of pyramids in North Africa; Ethiopia, the roof of Africa whose national flower is Calla Lily; Madagascar, the island nation where vanilla grows, and so on.

The Maritime Silk Road links Malaysia, a country of forests and gardens; Singapore, the flowery country; the Philippines, the country of a myriad of islands; and Indonesia, the emerald of the equator. Along the Lantsang River down to the south, we will pass Vietnam, the land nourished by the Mekong River; Thailand, a country of thousands of Buddhist temples; Cambodia, the home to Khmer smiles; Laos, the land of a million elephants; Sri Lanka, a bright pearl in the India Ocean; Mauritius, the shining star and key of the Indian Ocean; Brunei, a kingdom of gold and green; East Timor, a nation of independence; Maldives, a paradise in the India Ocean; Australia, the nation riding on the sheep's back; New

Zealand, the back garden of God, and so forth.

In the countries along the Belt and Road, names of distinguished figures, ancient or modern, who have affected the destiny of mankind, who have rewritten the history of nations, and who have had contacts with China, can still be found in today's textbooks, films and TV shows. We can still feel their enduring influence and charm on generations of young people.

Of course, for the Chinese people, the pioneers of the ancient Silk Road are more familiar. Yet, those who have devoted themselves to the building of the new Silk Road equally deserve our respect. In May 2017 during the Belt and Road Forum for International Cooperation, Beijing welcomed thousands of guests from around the world, including heads of state, heads of government, former politicians, business leaders, experts, scholars, and principals of international organizations. They gathered together in the common spirit of solidarity and mutual trust, equality and mutual benefit, inclusiveness and mutual learning, and win-win cooperation, to discuss how countries along the Belt and Road can work together to make the "pie" bigger and shared by all for mutual benefit.[①] This is a big day that should be remembered as a landmark in the history of the Chinese nation and the world.

The Biography Society of China, which makes it its mission to promote biography writing, shoulders the task and responsibility of telling well the stories of friendly exchanges among people of countries along the Belt and Road. This is also the fundamental duty and task assigned to us by our nation. Therefore, through careful investigation and passionate planning, the Biography Society of China decided to publish a hundred-volume series titled *Remarkable Lives Along the Belt and Road*. This project receives support from the China Federation of Literary and Art Circles and guidance from the National Institute of International Strategy of Chinese Academy of Social Sciences. From last winter till this spring, hundreds of experts were working around the clock on the biographies of a thousand remarkable lives. Here the series is presented to you.

As Confucius said, "Humanity is of humans". Let the lights of those great minds and lives illuminate our future

---

① Xi Jinping, "Promote People-to-People Friendship and Create a Better Future", Speech delivered at the Nazarbayev University, Kazakhstan, September 7, 2013.

path of exploration.

Comments, criticism and suggestions will all be appreciated.

Dr. Wang Li
Chairwoman:
The Biography Society of China
General Editor:
Remarkable Lives Along the Belt and Road
March 8, 2018

目 录

引 言 ·· 1

伟大的"海上霸者"——哥伦布 ············ 13
1. 懵懂的青春 ································ 15
2. 浅触蓝色的历练 ··························· 22
3. 横渡大西洋 ································ 28
4. 建立殖民统治 ······························ 39
5. 发现美洲大陆 ······························ 43
6. 没有结束的生命之旅 ······················ 47

骁勇善战的民族英雄——维瓦尔 ············ 53
1. 宝剑出鞘 ··································· 55
2. 野心家的助攻 ······························ 59
3. 民族英雄维瓦尔 ··························· 66
4. 巴伦西亚的城主 ··························· 71

别具一格的文学家——塞万提斯 ············ 76
1. 血与火的军旅生涯 ························· 78

2. 5年囚禁后的粉色诗歌 ………………………… 85
3. 在拮据中求清白 ………………………………… 91
4. 晚年的文学辉煌 ………………………………… 98

艺术界的画坛巨星——毕加索 ……………………… 107
1. 初露的锋芒 ……………………………………… 109
2. 粉色的玫瑰 ……………………………………… 114
3. 立体的毕加索 …………………………………… 118
4. 走进超现实主义 ………………………………… 124
5. 完美结合的蜕变 ………………………………… 126
6. 夕阳黄昏的田园 ………………………………… 131

天纵英才的建筑艺术大师——高迪 ………………… 135
1. 小小艺术家 ……………………………………… 137
2. 自然即是生活 …………………………………… 144
3. 真正的高迪 ……………………………………… 150

"热情的玫瑰"——伊巴露丽 ………………………… 157
1. 童年的灰·阅历与成长 ………………………… 159
2. 热情的红·革命的开始 ………………………… 164
3. 激情四射·西共的斗争 ………………………… 171
4. 热情之花，绽放光彩 …………………………… 180
5. 荣耀回归，不谢的花朵 ………………………… 189

平等和自由的斗士——布维那文图拉·杜鲁提…………… 192
  1. 在时代的斗争中成长 ……………………… 194
  2. 暗杀失败，流亡海外 ……………………… 200
  3. 保卫马德里，子弹无情 …………………… 206

后　记 ……………………………………………… 210

Contents

Introduction / 1

The Great Man of the Sea: Christopher Columbus / 13

A Valiant National Hero: Rodrigo Díaz de Vivar / 53

An Exceptional Writer:
   Miguel de Cervantes Saavedra / 76

The Art-World Superstar: Pablo Picasso / 107

God's Architect: Antoni Gaudí i Cornet / 135

The "Passion Flower":
   Isidora Dolores Ibárruri Gómez / 157

A Fighter for Equality and Freedom:
   Buenaventura Durruti / 192

Afterword / 210

引　言

马德里的太阳门广场总是人声鼎沸，熊和树莓在这里有着极高的"地位"。4米高的花岗岩包铜石底座在阳光下灼灼闪耀。这是一只站立着的棕熊，宽厚的熊爪微微向前张开，像是要抓取树上的树莓果。熊与树莓的组合在西班牙的马德里十分受欢迎。它是马德里的文化标签，是马德里旅游局的标志，是马德里竞技足球队的队徽，还是马德里自治大学的校徽，更是马德里七星市徽的主要组成部分。如此盛名的标志，自然有着它独有的魅力与传说。

一个在西班牙家喻户晓的传说这样讲述：早期的马德里，周边森林密布，树木茂盛。棕熊时常出来觅食，甚至闯入城郊的农庄。一天傍晚，在一户极其普通的人家屋外，一名中年农妇焦急地张望着在森林边缘蔓延的小道，等待她早该回家的孩子。天色渐暗，母亲决定去寻找孩子，她甚至离开小道往森林深处走去。然而，在森林途中遇到棕熊。正在树上躲避的孩子看见母亲，不顾自己的安危，大喊："妈妈，快跑！"又跳下来，吸引熊的注意力，想引开那大家伙，保护母亲，孩子的喊叫声在森林里久久不散。赶来的农民们救了母子俩，人们都为这个勇敢的小男孩发出由衷的赞叹。把"妈妈，快跑"翻译成西班牙语，就是"Madre-ld"。如果将两个单词连写在一起，那就是如今的马德里（Madreld）。

　　实际上，作为马德里的象征，熊和树莓是在历史中分别出现的。棕熊的首次出现，是在塞万提斯的老师胡安·洛佩斯·德奥约斯的文章《关于马德里市徽的说明》当中。时间甚至可以追溯到16世纪。这是关于马德里市徽的首次文字相关记载，其中写道，熊的形象其实来源于大熊座，就像南半球的南十字星一样，大熊座在北半球各个国家的传统文化中都有着举足轻重的地位。尤其是占据独特位置的西班牙，所处纬度使其全年都可以看到这7颗星。而在欧洲有着悠久历史的占星术中，根据拉丁语，马德里市所在区域地名就和这个星座的名字有关。于是，与大熊座相关的熊的形象就与马德里联系在一起了。

熊的来历说明了，自然也要谈谈后来加上的树莓。1020年，马德里村和教会就一些周边土地的使用权问题起了争议，直到1222年，才最终达成共识。争议地区的林木和狩猎权都归马德里村（当时的马德里还是一个小村庄），所有的牧场都归教会。尔后，马德里村就用熊抱树作为徽章，以此来表明自己对树的占有，教会则用熊在牧场行走作为徽章。至于为什么树会变成树莓，在维基西语版马德里主页上是这样解释的："原本只是一棵结着红色果子的树，直到后来，在一场席卷整个城市的饥荒中，人们依赖树莓而渡过了难关，从那时起，这棵树就被认定为树莓。"

当然，热情如火、娇艳如花的西班牙，还有着更多丰富的故事和传奇的人物。除了西班牙极其常见的熊和树莓标志，还有猫和马德里人。聪敏机巧的除了猫咪，还有被称作猫咪的马德里人。西班牙有着丰富多彩的夜生活传统，尤其每到星期五晚上11点以后，市中心太阳门广场周围的小巷里，熙熙攘攘，人头攒动，音乐四起，歌舞不断。在门口、吧台边站着喝酒聊天的人比比皆是，"站吧台"的人们有着和猫一样的夜生活。于是，猫咪就这样成了马德里人的标签。

西班牙，全称为西班牙王国 (西班牙语 :Reino de España; 英语 :The Kingdom of Spain)，处于欧洲西南的伊比利亚半岛，北濒比斯开湾，南接直布罗陀海峡，东南和东部邻地中海，与葡萄牙、摩洛哥、法国和安道尔互为邻国。西班牙是西南欧面积最大的国家，国土总面积为505925平方千米。西班牙南北分别连接欧洲和非洲，东西沟通地中海和大西洋。在地理位置上，起到了交通枢纽的重要作用，对"一带一路"接上欧非轨道是不可或缺的关键要地。根据官方统计数据，2014年8月，西班牙总人口为4650多万人。从整体上来看，西班牙是一个民族较为单一的国家。西班牙当地人口主要是卡斯蒂利亚人（即西班牙人，占总人口的73%），他们在血统和语言上仍然保持自己的特点，民族意识非常强烈。

西班牙采取议会君主立宪之政体，即国王为国家元首与武装力量总司令，首相则是政府最高首脑，由国会多数党提名后由国王任命。行政权由政府掌握，立法权则由两院制的议会施行。

西班牙是一个高度发达的资本主义国家，是欧盟和北约成员，还是欧元区第五大经济体，国内生产总值(GDP)居欧洲国家和世界排名前列。西班牙国土面积不大，但自然资源丰富。其主要矿产储藏量：煤88亿吨，铁19亿吨，黄铁矿5亿吨，铜400万吨，锌190万吨，汞70万吨。森林总面积1500万公顷。森林覆盖率30%，软木产量和出口量居世界第二。

2012年，西班牙农、林、渔业产值占国内生产总值的2.5%，就业人口为75.32万。可用农业占地面积是国土面积的13.8%，居欧盟第二位。农作物种植种类繁多，主要农作物有：大麦、水稻、小麦、玉米、酸性水果、葡萄、橄榄、柑橘等。由于西班牙农作物成熟期比欧洲中部早1个月左右，在欧盟内贸易中有较强竞争力，果蔬出口约占欧盟内果蔬出口的30%。猪和牛是西班牙饲养的主要畜类，头数分别占所有畜类的41.5%和28.1%。猪肉、牛肉产量居欧盟第二位。2010年，捕鱼99.27万吨，产量居欧盟首位。

2012年，西班牙工业产值占国内生产总值的15.6%，就业人口为243万；建筑业产值占国内生产总值的8.4%，就业人口为114.76万。主要工业部门有食品、汽车、冶金、能源、石油化工、电力等行业。纺织、服装和制鞋业是西班牙重要的传统产业。西班牙也是世界上汽车生产大国之一。世界上最大的6家跨国汽车集团都在西班牙设有工厂。2013年，西班牙汽车产量为216万辆，同比增长9.3%。西班牙汽车产量的87%用于出口，2013年西班牙汽车出口187万辆，同比增长8.72%。其中20%出口欧盟国家，德国、法国、意大利和英国市场占比较高。

西班牙旅游业发达，是国民经济的重要支柱之一。旅游入境人数和收入均居世界第二，2013年西班牙入境旅游人数为6066万人。西班牙旅游业贡献了11%的国内生产总值,创造了16%的就业机会。加泰罗尼亚是吸引外国游客最多的自治区,著名旅游胜地有马德里、巴塞罗那、塞维利亚、托莱多等。联合国世界旅游组织总部设在马德里。

20世纪80年代初,西班牙开始实行紧缩、调整、改革政策,采取了一系列经济自由化措施。以1986年加入欧共体为契机,经济发展出现高潮。90年代初,由于出现经济过热现象,经济增长速度放慢并陷入衰退。90年代中期以来,在政府采取的宏观调控政策的作用下,经济开始回升并持续稳步增长。1998年5月成为首批加入欧元区国家后,经济持续快速增长,年增幅高于欧盟国家平均水平。2012年6月,西班牙政府向欧元区申请不超过1000亿欧元的优惠贷款用于救助本国银行业。

近年来,受全球金融危机影响,西班牙金融风险加大,房地产泡沫破灭,失业率飙升,经济急速下滑,社会发展遇到诸多问题。2017年10月1日,西班牙加泰罗尼亚自治区举行"独立"公投,自治区议会同月27日单方面宣布该地区"独立"。西班牙中央政府认定"公投"违宪,并启动《宪法》第155条,于30日正式收回加泰罗尼亚自治权,全面接管这一地区,同时解散加泰罗尼亚区政府和议会。它从一个侧面反映出西班牙社会发展面临的严峻挑战。

西班牙人十分重视社交礼仪。当地妇女有扇语，如当妇女打开扇子，把脸的下部遮起来，意思是："我是爱你的，你喜欢我吗？"若一会儿打开一会儿合上，则表示："我很想念你。"因此初到西班牙的妇女，如果不了解扇语，最好不要使用扇子。西班牙人在正式社交场合与客人相见时，通常行握手礼。与熟人相见时，男性朋友之间则紧紧地拥抱。西班牙人的姓名常有三四节，前一、二节为本人姓名，倒数第二节为父姓，最后一节为母姓。口头称呼通常称父姓。

西班牙人很重视信誉，总是尽可能地履行签订的合同，即便后来发现合同中有对他们不利的地方，他们也不愿承认过失。在这种情况下，如果对方能够善意地提醒帮助他们，则会赢得西班牙人的尊重与友谊。西班牙人性格开朗、热情，但易激动，发生争吵是很正常的。西班牙人吃东西时，通常会礼貌地邀请周围的人与他分享，但这仅是一种礼仪上的表示，因此不要贸然接受，否则会让彼此都很尴尬。

在西班牙，番茄节是其非常传统的节日。每年8月最后一个星期三，在巴伦西亚地区的布尼奥尔小镇都举行一年一度的民间传统节日番茄节——"番茄大战"。布尼奥尔的"番茄大战"始于1945年。关于它的来历，有这样一个传说：有一天，该城一个小乐队从市中心吹着喇叭，扬扬得意，招摇过市，领头者更是将喇叭口冲天。一伙不胜其烦的年轻人突发奇想，抓起番茄向那喇叭筒里扔，并且互相比试，看谁能把番茄扔进去。这就是"番茄大战"的由来。此后，每年这天都会再打一场这样的"战役"。由于人们通过这样的活动可以尽情放松压抑的心情，重新找到童年嬉戏的感觉，因此这个奇特的节日在西班牙变得越来越流行。2002年，西班牙政府将布尼奥尔镇"番茄节"列入西班牙国家文化遗产。

西班牙的历史最早可以追溯到公元前3000年，最初是伊比利亚人在半岛建立部落。直到公元前19年，半岛被罗马帝国征服。到了5世纪末，西哥特人又取代罗马在半岛的统治，逐渐发展出封建制度。929—1492年，伊比利亚半岛处于阿拉伯人的统治之下，封建制度得到了进一步的巩固和发展。1492年1月2日，摩尔人首都格拉纳达陷落，西班牙光复运动宣告完成，西班牙最终实现统一，半岛才出现了统一的封建王国。

西班牙是曾经的海洋强国。1492年，哥伦布率船队由西班牙巴罗斯出发，10月12日发现了美洲新大陆并登上巴哈马的圣萨尔瓦多岛，然后带了几个土著人及一些物品返回西班牙。哥伦布发现西印度群岛后，西班牙逐渐成为海上强国，此后，西班牙殖民者开始了对拉美的征服和占领，将疆土扩展到大西洋的彼岸和菲律宾。

1516年，胡安娜和王夫腓力一世的儿子查理一世以特拉斯塔马拉家族的外孙资格继承卡斯蒂利亚、莱昂、阿拉贡、纳瓦拉等国的王位，是为卡洛斯一世。建立了欧洲最早的统一中央王权的共主邦联的国家。1519年，埃尔南·科尔特斯等从古巴抵达墨西哥，征服了阿兹特克部落的首府特诺奇蒂特兰。1530年，弗朗西斯科·皮萨罗率人从巴拿马出发，几个月后到达印加帝国，征服了印加帝国的首府库斯科。许多部落被消灭，印第安文明被毁灭。

16世纪，是西班牙海外扩张、建立庞大殖民帝国的时期。

西班牙先后同法国与英国交战，之后败给英国的无敌舰队，在遭受一连串打击之后，西班牙进入了政治、军事、经济和社会全面衰落的时期。1588年，腓力二世对英进行讨伐，但西班牙海军装备落后，加上风暴袭击，西班牙的"无敌舰队"被出身海盗的德雷克率领的英国海军击溃，从而西班牙丧失了海上强国的地位，开始衰落。1648年，西班牙对法国作战失利，在陆地上的军事优势也宣告结束。此后，在西班牙王位继承战争中，又向英国割让了直布罗陀并陆续丧失了葡萄牙和在意大利与荷兰的领土，西班牙逐渐走向衰落。

19世纪，拿破仑夺取法国政权后，将扩张的目标对准西班牙。以借路攻打葡萄牙为借口，派军队占领了西班牙并安排自己的兄弟任西班牙国王。西班牙人民奋起抗法。1808年5月2日，独立战争爆发，西班牙为这场战争付出了沉重代价，西班牙丧失了绝大部分海外殖民地。

1837年，伊莎贝尔二世在通过君主立宪的法案之后将其正式合并为一个国家，决定用西班牙一词"España"（该词源于腓尼基语，意为"野兔"）命名，自此结束了历经300多年的共主邦联模式。

19世纪80年代，西班牙进入共和国时期。1873年，爆发资产阶级革命，建立第一共和国。1874年12月24日王朝复辟。1898年爆发的美西战争以西班牙失败而告终，西班牙丧失了所有海外殖民地，国际大国地位不复存在。

西班牙在内忧外患的矛盾激化下，爆发了自由主义思想启蒙运动，1931年4月14日，西班牙王朝被推翻，第二共和国建立。

1936年2月成立有社会党和共产党参加、由人民阵线领导的联合政府。1936年7月17日佛朗哥发动叛乱，引发西班牙三年的内战。佛朗哥于1939年4月夺取政权，实行独裁统治达36年之久。1947年7月佛朗哥宣布西班牙为君主国，自任终身国家元首。1966年7月立末代国王阿方索十三世之孙胡安·卡洛斯为承继人。1975年11月20日佛朗哥病死，胡安·卡洛斯一世登基，恢复君主制。1976年7月1日，任命国民运动原秘书长阿道弗·苏亚雷斯·冈萨雷斯为首相，开始向西方议会民主政治过渡。

1978年12月新宪法正式出台。宪法规定西班牙是自由与民主的法制国家，实行君主立宪制，议会民主制，王位由胡安·卡洛斯一世的直系后代世袭。

1982年，西班牙加入北约。工人社会党上台后，西班牙才首次制定了外交政策总体框架。1986年，西班牙加入欧共体。1992年后，随着冷战的结束，在新的国际形势下又对原有外交框架进行了调整。外交原则包括在传统双边外交基础上，谋求外交政策的民主化、多边化和大西洋化；积极发展同欧盟或西欧的密切关系，努力融入区域组织，开展多边外交；强调在地区基础上，建立同拉美的特殊关系；考虑地缘政治因素，重视同西北非国家建立长期稳定的外交关系；将同欧洲、拉美和阿拉伯世界的外交视为外交工作的三支柱；顺应全球外交战略变化的趋势，开展对中东欧国家、亚洲国家的外交。1973年，西班牙与中国建立外交关系，两国关系发展进入崭新时期。随着两国政治关系日益密切，为深化双方合作，2005年，两国建立全面战略伙伴关系。全面战略伙伴关系框架为进一步加深两国政治关系创造了条件，主要表现是双边高层互访更加频繁，政治对话日益顺畅，双方在相互尊重主权、保持领土完整、反对单极主义、主张多边主义发展等重大国际问题上都有相当一致的共识。

除了政治关系和经济关系，西班牙还重视同中国开展各领域的合作，这些合作反过来又促进两国经贸的飞速发展。西班牙政府先后出台了"亚太行动计划"和"中国计划"，明确提出中国是西班牙在亚太地区的优先合作伙伴。2007年，中西成功互办文化年活动，促进了双边政治、军事、经贸、文化、科技和教育等领域的交流，深化了全面战略伙伴关系的发展。

综观西班牙的历史和社会发展概况，可知它是一个有着悠久文化传统、社会经济高度发展的资本主义国家。在世界5000年文明发展史上，它曾经创造了海洋强国和日不落帝国的辉煌，也曾经涌现出许多对其国家和世界文明发展带来巨大影响的人物。本书介绍的人物有：发现美洲新大陆的世界著名航海家和探险家哥伦布；为维护和促进西班牙国家统一的11世纪民族英雄维瓦尔；对世界文学发展影响巨大的西班牙作家塞万提斯；现代艺术创始人、西班牙著名画家毕加索；西班牙现代主义建筑家和新艺术运动代表人物高迪；西班牙国际共产主义运动活动家伊巴露丽；西班牙内战中为人民争取平等自由权利的斗士杜鲁提。这一个个人物演绎着西班牙的故事。从了解这些人物开始，让我们去认识这个热情如火的国度吧！

伟大的"海上霸者"——哥伦布

克里斯托弗·哥伦布(西班牙语:Cristóbal Colón;意大利语:Cristoforo Colombo),1451—1506),世界著名的探险家、殖民者、航海家,地理大发现的先驱者。出生于中世纪的热那亚共和国(今意大利西北部),年轻时就是地圆说的信奉者,自幼热爱航海冒险,立志做一个航海家。他在1492年到1502年间4次横渡大西洋,到达美洲大陆,他也因此成了名垂青史的航海家。当时西方帝国主义抬头,各欧洲王国开始经济竞赛,纷纷通过建立贸易航线和殖民地来扩充财富。西班牙与葡萄牙两国君主明争暗斗,不相上下。谁都想独霸通往东方的航道，得到更多的黄金、香料、茶叶、丝绸等，当然更重要的是土地和奴隶。哥伦布的向西航行到达东印度群岛的冒险性计划得到西班牙王室的支持。尽管哥伦布不是第一个到达美洲的欧洲探险家，但他的航海带来了第一次欧洲与美洲的接触，并且开辟了后来延续几个世纪的欧洲探险和殖民海外领地的大时代。这些对现代西方世界的历史发展有着无可估量的影响。

克里斯托弗·哥伦布

15世纪的世界大航海时代是无数人向往的英雄时代，那也是一个开拓海洋的时代，是一个冒险的时代。无论是谁，提起这个时代，一定不会忘记这个人——克里斯托弗·哥伦布。

他为实现伟大的航行而奔走各国，游说君主；他是个了不起的船长，能绘制堪称完美的航海图；他有着比常人更好的耐心和勇气，多次横渡大西洋，开辟新航路，发现了新大陆；他把烟草和土豆等新经济农作物带进欧洲。所以，世人称赞他的功业。但也有人说他是个贪婪、充满暴力的人，痛斥他为了自己的探险，屠杀无数的美洲居民与西班牙同胞，开启万恶的奴隶贩卖，为了给西班牙带来殖民利益而造成美洲本土居民的绝种和灭绝。他的一生轰轰烈烈，但是晚景凄凉，失势潦倒，病痛折磨，蚕食着他余下的人生，直至去世。现在，让我们走进哥伦布的世界，看一看那场航海盛宴及其善恶交织的人生吧！

1.懵懂的青春

（1）

哥伦布究竟出生于何时，一直是个谜，估计是1451年出生于热那亚。据流传于世的一份文件记载，他的父亲曾从事纺织业，但毫无疑问，哥伦布从小就热爱航海，他读过《马可·波罗游记》，十分向往印度和中国。当时，地圆说已经很盛行，哥伦布对此深信不疑。

"嘿！听着！我来告诉你们！我们所踩着的这片土地，是圆的！就是说，我们从这里出发，一直向前走，相信我！你们还能再走回来！我是说，像我这样，一直向前走，一直，我们还能再回到原地！"

身材略显肥胖、一头棕红色短发带着天生自然卷的少年眉头紧锁，神情认真地在一艘帆船的甲板上一步步走着。他一边走一边喊叫着，有点急躁，毕竟他太想把自己的观点尽力表达出来,讲给这些"目光短浅"的船夫听。"哈哈哈,看哪!我们的小克里斯托弗船长又在胡说八道了。"

"跟毛孩子较什么真。哎!小家伙!你踩着的是船,一直走前面是海,海里面可是有水怪的。"

"老哥伦布呢?这孩子。"

甲板上看起来十一二岁的孩子险些红了脸,他握紧了自己的小拳头。什么嘛,仗着自己年纪稍微长些,就看不起小辈吗?总有一天你们会知道地球是圆的。

"水怪什么的都是骗人的!给我一条船,我一直划,一定能到达东方!当我是小孩子吗,什么水怪?"稚气未脱的少年严肃地较上真了,引得旁边本就不多的围观者全都哈哈大笑起来。

"克里斯托弗?"一个熟悉的中年男子声音穿过人群,有些低沉沙哑,算不上好听。

"父……父亲……"握紧的小拳头瞬间僵硬了起来,小哥伦布感觉头皮有些发麻,看来这次又免不了挨骂了。

短暂的吵闹聚集很快就散开了。大家都习惯了,这孩子,隔几天就要来义愤填膺地发表一次演说。一开始人们图个新鲜,里里外外围着他,听他演讲。讲到现在,也就只有些实在闲来无事的人围过来调侃两句,权当给自己的无所事事找些乐子。

父子俩一前一后,前面的高个一脸阴沉,后面的矮个一脸惧怕。

"我想你一定是看那个该死的马可·波罗看多了!"

"可是,父亲,你为什么就不相信呢?"小孩子的头低了下去,棕色的头发显得有些暗淡,委屈爬上了他的小脸。每个人都觉得他年纪小,说话不可信。可是,他爱极了那片蓝色,不是天空那种空旷无边的蓝,而是海洋那种深沉神秘的蓝。听说那里有巨大的鱼,海底有着形形色色的生物,还有貌美迷人、歌声动听的美人鱼。他知道,有一天他会长大,那时父亲的阻拦会变得苍白无力,他将亲吻海风,与海鸥共舞,阳光一定会灿烂得妙不可言,到那时……

"克里斯托弗!"父亲大声地喊着他的名字,把他从幻想的世界里拉回了无聊的现实,他一脸的挫败。

"从今天起,不准你再去那码头,快停止你那该死的幻想。"

"为什么?"小哥伦布瞬间愤怒地睁大了眼睛。

"听着,小家伙,如果不想让你母亲再那么担心,我奉劝你最好老实点。"一双大手抓紧了小哥伦布的肩膀。他听到父亲这么说后,本来因生气而高耸的肩膀瞬间就坍塌了下来。哥伦布从小就喜欢趴在码头边向远处的海洋瞭望,总爱跟下海归来的渔夫扯些闲话,听他们讲些关于蓝色海洋的传说。每当这时候，他眼里就会绽放出璀璨的光芒。少年人总是有些贪玩的，一个傍晚，小哥伦布在码头静静地趴着。他看着那片蓝色海洋如痴如醉，忽然码头上的一只小船引起了他的注意。"我就上去玩一玩。"他想着想着，像是被下了蛊一般，身体已经随着意识爬上了小船。等小哥伦布回过神的时候，他已经划着船离开码头有好一段路了。船顺着海流一直往前漂，少年的心里既激动又有些紧张。他一边留意海流的方向，一边留意着码头的方向。虽然附近海域的地图他早就摸清了，但还是第一次划船走出这么远。小哥伦布握紧了船桨，慢慢的，紧张的心情平复了下来。他心里带着探险的激动，一直向前划着。

"如果一直向前划，一直，会是哪里，会是天堂吗？"也许犹太人天生就喜欢对真理刨根究底，小哥伦布激动地想着。直到肚子咕咕叫的时候，他才发现天黑了，四周如同死一般的寂静，只有船桨划出水面溅起的浪花声。直到这时，这半大的孩子才感到一丝慌乱，他知道，这已经偏离码头很远了。四周都是水，夜里渐渐泛起了冷意。"感谢上帝，幸好今天不是阴天。"小哥伦布抬头看到漫天星辰的时候，他笑了，刚才的紧张一扫而空，像是身临童话梦境般如痴如醉。整片繁星从这边的海平线开始，滑向那边的海平线，又倒映在海洋上，如同撒满了璀璨的宝石。他根据北斗七星推测出大概的方向和时间，照着推断出的海港的方向划去。

　　回到家的时候，已经是第二天的傍晚了。当小哥伦布浑身湿漉漉地回到家，迎接他的有母亲的泪眼，自然还有父亲的一顿暴揍。但是从这天起，隔段时间，小哥伦布总会找机会偷偷溜出去，每次回来都会摸出小地图标上新探索到的地方。间隔一次比一次长，距离一次比一次远。他是真的好奇，如果他就这么一直向前划着，会到哪里去。他在家越来越沉默寡言，不说天真的废话，也没有一般小孩活泼的样子。小哥伦布开始学习各种各样的航海地图以及地理知识，往码头跑得更勤快了，船长、水手、渔夫们也对这个毛孩子的行为习以为常了起来。但是他的父亲却并不认为这是一件好事，他忧心忡忡地看着自己的孩子，每天像着魔一样，不不不，也许他就是着魔了呢？

　　小哥伦布一遍又一遍地翻阅《马可·波罗游记》，他总是激动得止不住浑身颤抖。他开始向往那满是瓷器香料的东方国家，用黄金打造的宫殿富丽堂皇，摆满了精致的瓷器……他想去东方。那时，地圆说已经流行开来，但还只是一种学说。如果地圆说是真的，那么一直向前，会不会走到那个极其富贵华丽的国家……

小哥伦布常常喃喃低语:"大地是圆的,像一个圆球。"他对此深信不疑,在码头对无聊的水手们发表自己的见解。小哥伦布满怀期待的赞同者没有找到,反倒是受到越来越多的嘲讽,父亲看他的表情也越来越奇怪。

"克里斯托弗·哥伦布!哦,上帝!我想你是疯了!"

(2)

随着年岁的增长,小哥伦布长成了少年哥伦布。他的父亲也从一开始对他行为的不能理解,到后来的习以为常。这对哥伦布来说是个好事情。这时候的他自信骄傲,带着年少的轻狂和不可一世。

"嘿,小伙子!该吃饭了。"老哥伦布轻轻地敲了敲门,但是好像并没有听见里面有什么动静。他皱了皱眉头,粗暴地一把把门推开了。"哦,天啊!这都是些什么?"老实说,孩子长这么大,他并不经常进他的房间,谁没有年轻过呢?孩子总会藏着些秘密。

"克里斯托弗?哦,我的上帝!"他被门后巨大的地图吓了一跳,密密麻麻的地点、位置甚至水流都在上面标得一清二楚。他有些震惊,孩子虽然就在他的眼皮下,自己却没有参与他的童年。震惊之余又是满满的沉思,或许,这应该是件值得骄傲的事。老哥伦布用手轻轻地抚摸着地图,他发现上面标记的不仅是附近海域,还有一些时间及事迹。看到有趣处,他竟然不自觉地笑了起来。

"父亲!这是我的房间!"哥伦布被父亲惊醒了,忽然一声大喝。

"我知道,我知道,我只是喊你吃饭。"老哥伦布看着睡眼蒙眬的儿子无奈道,一边说着一边从房间里退了出来。儿子,还是长大了,会有自己的想法和行动了。

哥伦布慢慢发现,母亲在他去码头的时候不再劝阻了,而是叮嘱他不要忘记回家。父亲也会在他下海的时候提醒他注意安全。说是下海,其实只有他自己知道,自己每次的路程并没有走远。他很清楚,再远一点就会有暗流,自己驾驶的那种小船会被暗流携带到远海,无法回来。这些都无关紧要,最关键的是他没有在大船上工作过,没有远洋的实战经验。他为这个已经忧心很久了,他不能总是在海边玩玩。

圣诞节很快就到了,满街都是喜庆的气氛,原本热闹的码头反倒显得有些冷清了。哥伦布拖着疲惫的身子往家里走着,在门前叹了口气。"无论怎样,今天是个好日子。笑一笑,哥伦布。"他这么安慰着自己,顺手推开了门。家里并没有自己想象中灯火通明、欢声笑语的画面,反倒是一个人影都没有看到,他疑惑地往里走去。

"爸爸……妈妈……"哥伦布试探性地喊叫着。

"嘿！儿子！圣诞快乐！"灯亮了，突然出现的母亲吓了哥伦布一大跳。惊吓过后，哥伦布抱紧了母亲，又温柔地亲了亲她的脸颊。眼光忽然被庭院中的一个大物件吸引了过去，他抱着母亲的手开始止不住地颤抖。他看到了，是一艘船模，不大，但是十分精美。"喜欢吗？"老哥伦布慢悠悠地走了出来，满脸的扬扬得意。看儿子这个样子，应该是喜欢得不行。他忍住笑容，拍了拍儿子的肩膀："去看看吧，你今年的圣诞礼物。不过，我觉得对你应该用处不大了。""为什么？"哥伦布一脸疑惑。"小伙子，要做就做大事情！我想让你跟着船长去，你应该能够学到更多。"

父子俩对视着，心照不宣地笑了。哥伦布并不介意父亲怎么知道自己跟船长商量好下海去当水手的事情。他只知道，他的梦想得到了亲人认可，可以无所顾忌地去实现了。

2. 浅触蓝色的历练

（1）

海洋是蓝色的，天空是蓝色的，仿佛吸进肺里的空气都是蓝色的。大海的味道令哥伦布如痴如醉，他现在还有些不敢相信，他已经踏上旅程了，踏上海洋探险的道路。他知道此行目的地是葡萄牙，那个极其繁华、航海技术极高的国家。但是，海上的日子与哥伦布以前的想象有偏差，好像没有什么要探险的地方。没有什么暴风雨，甚至连海风好像都没有吹起过，绝大部分时间就是在一望无际的海洋上慢慢地漂着。这样的落差让年少的哥伦布感到失落，他幻想自己在暴风雨中大声呼喊，感受大海的愤怒咆哮。然而，现实的大海从头到脚给他浇了盆冷水，让他清醒了过来。生活绝大多数时候是顺利而无聊的，地上的生活是这样，海上的生活也是这样。偶尔有些小风浪，但大多数时候是在看不到边的海上前进着。这让哥伦布越来越觉得索然无味。

已经一二十天了，航海生活最初的兴奋已经过去了，哥伦布现在除了失落就是不知所措。船长对着这个年轻人笑了笑，他看过太多这样的孩子，对探险充满期待，可真正感受后都是这样的心态，这样的表情。"你知道我们航行是为了什么吗？"船长想了想，还是决定开导一下这个年轻的孩子，给他指引人生的方向。"我们的航行，我们的探险，是为了黄金。我们要去葡萄牙，那里是世界上最干练的水手聚集的地方。现在，通往东方的航线是由葡萄牙人控制的。你这么想要去探险，就必须去葡萄牙。"哥伦布听了这些，十分兴奋，低迷了好几天的男孩重新振作了起来。

（2）

葡萄牙真的是太繁荣了。优越的地理位置，繁华的贸易中心，哥伦布站在码头上有些发愣，这跟他以前一直待的小镇有着天壤之别。本来哥伦布以为他所搭的船已经是极大了，来到这个码头才发现，那艘船可以说是不值一提。码头上是商人们的叫卖声，凑热闹的人们拥挤在一起。他觉得眼睛好像不太够用了，嘴巴不自主地微微张开，目光也有些呆滞了。忽然肩膀被人拍了一下，哥伦布扭头就看到船长的大脸几乎要凑到他的耳边。

"怎么样，小伙子，葡萄牙可是航海的起点啊。"肩膀又被重重地拍了下，仿佛一下子使哥伦布恍然大悟了。

年轻的哥伦布对海上探险之路重拾兴趣，他坚信，地球是圆的，总有一天，他能驾着自己的船越过大西洋，直达东方。他也相信，到那时，会有数不尽的财富与金钱等着他，所以，他一刻也没有懈怠。在别的水手忙着谈天说地、赌博下注的时候，哥伦布却观察着海上天气、大洋流向、暗礁位置并记录下来。他懂得与船长拉近关系，不断了解海上的知识。每次的海上之旅，我们未来的航海家都会仔仔细细地观察地图，一个一个地标注海洋情况。这海上的学徒一当就是十几年，哥伦布渐渐地摸准了大海的脾气，知道什么样的天会下什么样的雨、起什么样的风。最关键的是，哥伦布绘制的精密航海图，让他的方向感极好。他深爱探险，随着到达的地方越来越多，地图上的连贯性也越来越大。哥伦布坚信地圆学说的正确性。当时，地圆说虽不陌生，却没有多少人相信。十几年的学徒生涯，使现在的他腰杆挺得特别直，自信满满。他对海上航行技术的掌握，绝对不亚于任何一个船长。他也有了属于自己的一艘船，并当上了船长，一边来来回回进行贸易，一边继续为远航探险而准备——他还在坚持着最初的梦想。

　　海上贸易虽然让哥伦布成了一个富翁，但是想要去更远的地方，尤其是遥远的东方，那简直就是异想天开。他需要帮助，他有精湛的航海技术，但是去东方的远航必须得到国家的支持。十几年间，哥伦布游走于各国宫廷间，向葡萄牙、英国、法国等国的国王请求资助，实现他向西航行寻找新航路到达东方的计划，但都遭到拒绝。许多人还把哥伦布看成骗子。有人质问他，如果地球是圆的，向西航行可以到达东方，然后继续向西，就可以回到出发港。那么，应该有一段航行是向上爬坡的，帆船是怎样才能爬上来的呢？一向自信满满、口若悬河的哥伦布为之语塞。当时，垄断对东方贸易航线的葡萄牙已经成为既得利益集团，它通过精确计算，发现从好望角过去直达印度，是欧洲到东方的最近距离，没有道理再去花费时间金钱支持哥伦布开辟通向东方的新航线。

哥伦布在葡萄牙碰了钉子后，又去了意大利、英国、法国等国。他费尽唇舌向这些王室提出把地圆学说应用于航海的想法，并吹嘘自己航海技术的精湛，但没有哪位君主接受他的计划。除了地圆说的漏洞外，还有就是哥伦布向这些国家索要"航海司令"的头衔以及 10% 的战利品回报，并且提出，他发现的每个国家的总督权都要让他的后代继承。国王们觉得这个提议可笑至极，也觉得哥伦布的这些要求是狮子大开口。

这场游说花费了十几年时间，但哥伦布从未想过要放弃，他固执地坚持着。终于，慧眼识才的西班牙王后愿意接见他了。

"您好，王后。"哥伦布向西班牙王后行了个礼。十几年的岁月，多次觐见国王，他对于这些虚礼应对熟悉，但对于王后，他还是带了几分感激和真诚。

"你说你能够发现通往东方的新航路。"西班牙王后微微一点头，开门见山地向哥伦布提问。

"是的。请相信我，王后陛下。经我多年的考察，一直往西，是可以到达东方的。我相信只要有船，有物资，我一定可以发现新的贸易路线，打破葡萄牙人对航线的垄断，到那时，一定能实现西班牙的海上利益。"哥伦布从怀里拿出自己精心绘制的地图，为王后指点说明。西班牙王后的眼里闪过一丝兴趣，她抬起眼神，把哥伦布从上到下细细打量了一遍。

"那你，要什么回报？"她饶有兴趣地开口询问。

"1/10的战利品，我的王后。"哥伦布又行了一礼。

很长时间没有人说话，能听到的只有女人的手指轻敲桌面的声音，她也不去看下面那个男人，早就得知这个男人的胃口不小。"其他的呢？"

哥伦布感觉到了压力，但并没有退缩，他想要的就一定要得到。西班牙要想跟葡萄牙抗争，必须要开辟新的贸易路线，这就是王后看上自己的原因。"我要航海司令的头衔。还有，在我航海的路上会发现很多的国家，这些国家的每一个总督权都应该封给我，我死后，让我的后代继承总督。"

西班牙王后目光锐利，眉头紧锁。这个年轻人未免也太过贪婪，她并不喜欢太贪婪的人，但西班牙现在需要一个人才开拓贸易渠道，而哥伦布无疑是最好的人选了。王后终于决定，指定一个皇家委员会考虑哥伦布的计划，并将哥伦布纳入皇家供奉。哥伦布得到王后的允诺，心满意足地走了，但是他所期望的远航被委员会一考虑就考虑了六年时间。

3. 横渡大西洋

（1）

哥伦布知道，西班牙王后大力支持他的航海计划，出海只不过是时间早晚的问题。但他没想到，这一等就是六年。1492年是值得纪念的一年。哥伦布再次面见西班牙王后，终于得到了出海的命令，他的心情万分复杂，人生没有多少个六年可以等得起，但理想的实现就在前方了。

克里斯托弗·哥伦布为西班牙王室描绘航海蓝图

哥伦布很久没有如此激动了，通过那片蓝色的未知海域，他一定会到达印度和日本，甚至是其他的一些国家。哥伦布看着即将随自己出海的三艘船和86名人员，心里充满了对国王和王后的感激之情。他不是第一次当船长，却是第一次肩负如此重担、带领这么多的人出海。哥伦布的旗舰为圣玛丽亚号，船长为德拉·科萨，平塔号船长是马丁·平松，尼尼雅号船长是平塔号船长的弟弟维森特·平松。船上配备了各种物资，有火炮、弹药、箭矢等武器，有充足的食品、淡水、酒类，有药品、灯具、燃料、帆缆、索具等航行物资，还有用于贸易的玻璃珠、镜子、花帽、铜铃、衬衫、饰针、花布等日用百货。船队里还有翻译、医生、地图绘制员等专业技术人员，可谓准备充分。

1492年8月3日，哥伦布从西班牙的巴罗斯港出发了。他看着西班牙国王命他呈交给印度君主和中国皇帝的国书，竟开心得不知所措了。几十年的等待，总算是能亲眼等到这一天的到来了。对于这次航行，哥伦布小心翼翼。尽管在海上绝大部分的时间是极其无聊的，但他也不会让自己有一丝懈怠。他知道对于葡萄牙人沿着非洲海岸线开辟的道路，自己无论如何都没有办法在这上面进行创新了。他想有所突破和发现，只能横跨大西洋。哥伦布仔仔细细地看着航海图，他在思考路线的问题。他的手指停留在地图上的加那利群岛上，最终敲定了这次航行的航线。哥伦布通知所有船都先向南偏西的方向航行。他的手指在地图上一直摩挲着加那利群岛的位置，那里是距离西班牙最近的群岛了。距离近，而且安全。忽然，他想到了什么，抓起纸笔算算写写，时不时用笔的尾端敲敲脑袋，时不时敲敲地图。北纬28度！日本！也就是说，如果从加那利群岛横渡的话，一定是最近最快的航线。最关键的是，可以完美地避开大西洋上的飓风，而东北信风可以载着他们直达日本！在没有动力的大航海时代，风既是航行的动力，也是阻力，能够最大程度地利用风力，是船长确定航线的标准。

渐渐地，陆地看不见了。大概就是9月9日的那一天，船队四周都被海洋包围着。水手们感到了长时间待在海上看不到陆地的焦虑，没有人知道他们会在这海上走多久，也没有人能知道他们还回不回得来。为了安抚三艘船上的人员，哥伦布计算好时间和航速，每当有人问起的时候，时间就会被哥伦布有意地拖慢，航速就会被他相应地提升。在一望无际的海上，即便是最勇敢的水手，也总还是有些惧怕的。毕竟，人若与自然对抗，那就无异于以卵击石。

"司令！我们的罗盘！我们的罗盘在向西偏移！"圣玛丽亚号的船长撞门而入，他显得有些急躁，脸上因着急而泛红。哥伦布抬起他埋着看图的头，听了船长的报告后，走到了甲板上。他发现水手们都一脸恐慌地窃窃私语，距离出发已经一个多月了，但海面上除了他们自己看不见任何的东西，大家是真的慌了。

"不会是走到尽头了吧！都说这海的尽头是一只巨大的怪兽。"一个胆小的水手伸了伸脖子，吞了下口水。这句话像是平地炸响的一声惊雷，引起了大家的惶恐。他们已经在这海上行走了很多天了，根本看不见陆地，仅凭哥伦布的猜测一直往前走着。越来越多的人聚集在甲板上，停止工作看着哥伦布。他是他们唯一的希望和信心。

"冷静！冷静！"哥伦布安抚着大家，他不能慌，一定要冷静。"可是我们的磁针失灵了，司令！"哥伦布狠狠瞪了说这话的人一眼，他迈着步子一步步向他逼近，气氛逐渐凝固了起来。"不如这司令给你来当，怎么样？我说了没事不用担心，都愣着干吗？不用干活是吗？"围观的人们渐渐散开了，但是流言却开始滋生。哥伦布看着回到工作岗位的水手们，重重地皱起了眉头。船上所有的磁针偏离，这可不是一件小事，没有磁针的指向，他们会陷入漫无方向的海上迷航中，他远没有刚刚看起来那样自信了。

是夜，没有什么云，海风吹着哥伦布的脸颊，在月光映照下他看着手里的磁针，突然就明白了。"通知下去，明天天亮的时候向北走。"

"司令……"

"愣着干什么？什么磁针失灵，不过是北极星移动了。"哥伦布重重地吐出了一口浊气，从下午就开始皱起的眉头总算舒展开了。第二天，船队开始向北前进，但是船长和水手们却并不轻松。

"罗盘！罗盘上的磁针方向正常了！"一个惊喜的声音打破了笼罩多日的紧张气氛，犹如久旱逢甘霖。这个好消息从主舰开始如星火燎原般急速传遍了三艘船的每一个角落。崇拜有之，感激有之，这几天大家提心吊胆、生怕葬身于汪洋之地的心情，在这一刻，都被冲散了。

（2）

"海鸟！"有人惊呼道。天空中的海鸟像是为了报喜一般，长长地叫了一声。这是罗盘指针恢复正常后的又一个好消息。能看得见海鸟，就说明距离陆地不远了。哥伦布虽然开心，但是心里却有隐隐的不安。他在船舱里绘制这一路的航海图，以及做航海周记记录途中发生的事件。他的手指有一下没一下地敲击着桌面，真的是要到陆地了吗？这跟预期的时间好像不太对，但是这两天以来频繁地在天空中飞翔的海鸟，说明就要接近陆地了。

"那是什么？是陆地吗？"哥伦布听到声音，从船舱中走出来，站在甲板上向远处眺望。一个水手为他递上望远镜，当望远镜架在眼前的那一瞬间，满目都是绿色，哥伦布拿着望远镜的手止不住地颤抖起来。"全速前进！伙计们！我们要到了！"哥伦布强忍内心的激动，宣布了这个好消息。船上的人们又一次沸腾了，水手们大声呐喊，相互拥抱亲吻。

"这是什么？"当帆船渐渐驶近的时候，大家发现并没有什么陆地，这些不过是水草罢了。只不过在大洋上忽然出现成片的水草,是不是说明陆地就应该在不远处了。望不到头,哥伦布站在甲板上,发现这些水草根本就是一望无尽的,之前那种隐隐的不安又出现了,并且越来越强烈。船速慢了下来,哥伦布皱了皱眉头,问情况。"司令,没有风啊。"这句话像是一盆冷水,把哥伦布浇醒了。他知道是哪里不对劲了,海上怎可能没有风,他在海上跑了这么多年,就算是再晴朗的天气,也绝不可能没有风,水流好像也停滞了。

"停下!停下!不要再往前走了!"哥伦布预感到再往前,他们这三艘船上的87人怕是要死在这里了。哥伦布决定让人先丈量下这海的深度再做打算,看着绳索一点点下放,已经是极限了,200米,依然没有探到海底。他真正有些慌了,再往后退也是不可能的了,已经前行了很久的路程,现在根本看不到来时路了,四周已经全被这些该死的海藻包围着。前途不管是什么,只能硬着头皮往前走了。

船还是慢慢地在海上划行着,哥伦布一刻也不敢放松。是夜,一些黑黑的像触手一样的东西沿着船身爬到了甲板上,有水手看到就惊恐地叫了起来,也有睡着的人被这东西"抓"住胳膊。越闹越大的动静,让三艘船点亮了所有能开的灯。居然是海草!在看清是草后,一名水手粗暴地一把扯下手臂上的"触手",却不料被它抓掉了一层皮,渗出了不少血。这时候,大家才感受到了恐惧，这并不是简单的海草，这是"魔触手"。

在这片充满海草的海域里，已经航行了很多天了。船上的人越来越惊恐，哥伦布前行的心并没有动摇，但水手们害怕了，从小声议论到大声抱怨。哥伦布充耳不闻，就像是丝毫听不见一般。1492年10月6日，这天距离船队走进这片死亡一般寂静的海域已经有20天了。眼前除了一望无际的海草，还是海草。不只是眼前，前后左右都被海草充斥着，这就是举世闻名的马尾藻海域，海藻覆盖面积为500万~600万平方千米。这并不是严格意义上的海，只能说是大西洋中一个由马尾藻组成的特殊水域。马尾藻在开阔的水域上自由生长，像木筏子一样漂流，由于这片海域处于四大洋流的汇聚区，以顺时针方向缓慢流动，就造成了此处的"平静"异常，也使得依赖风力和洋流推动的船只在这片海域踟蹰不前，不知吞没了多少船只和海员。

哥伦布举行了船长会议。有人提议道："司令，我觉得应该原路返回。"这个提议一出来，就是无数的赞同声。"如果我说继续前进呢？"哥伦布看着桌上的航海图，头也不抬地坚定道。"我们七八十人不能为了你的野心去陪葬！"一名大副是急性子，二十多天的惊恐和压力使得他直接对长官开口顶撞。哥伦布闻言顿了一顿，抬起他的头，目光扫过在场的每一个人。时间在这一刻变得漫长,现场每个人的表情,他都尽收眼底之后,才凝重地开口:"五天,最多五天。如果五天还没有找到陆地,我们就返航。"

船队继续前进,几十天都熬过去了,五天对他们来说真算不得什么。三艘船继续在马尾藻海藻中前行,这水还是死一般的寂静。很快,五天的时间就到了。哥伦布故作镇定地站在甲板上,用望远镜察看海面。今天是最后的希望,如果今天还是不见陆地,那只能无功而返。忽然,水里出现了一秆芦苇、一些藤茎、一棵小树、一根被砍削过的木棍,还有一块加工过的木板,这个发现给哥伦布吃了一颗定心丸。船还是全速前进着,一整夜船都在全速前进。凌晨时候,望远镜里终于出现了陆地的影子,哥伦布兴奋了起来,这次他是真正的狂喜。

(3)

1492年10月12日,这就是伟大的哥伦布日——美洲发现日。哥伦布终于发现了一座长13英里、最宽约6英里的珊瑚礁岛屿,他称其为圣萨尔瓦多(救世主之意),属于今加勒比海的巴哈马群岛。船上的人们都兴奋极了,这意味着,死亡的魔爪终于松开了。"哦,上帝!这真是神圣的救世主!这个岛!"哥伦布命人放了一只小船,派水手陆续登陆了。此时天光微亮,晨光照在每个人的脸上，人人都充满了活力。哥伦布闭上眼深深地吸了口气，这应该是他见过的最美朝阳了。

"这，是属于西班牙国王和王后的土地！"哥伦布大声宣布。他们稍作休整，就开始向小岛深处探索。哥伦布一行人越走越深，当他们看到还处于原始社会石器时代的泰诺人时，着实吃了一惊。这些人身上所穿的衣服甚至还是兽皮，别说半点丝绸锦缎的影子，就连最基本的粗布都找不着。"真是来到了野人窝！"哥伦布的心情并不是太好，但是他想这应该是日本群岛的外围岛屿。他们在岛上休整了两天，又与土人做了一些交易，然后启航去寻找"日本群岛"的黄金和宝石。

哥伦布带着船队，从圣萨尔瓦多岛出发，10月14日，到达朗姆岛，又去了斐迪南岛（今长岛）、伊莎贝拉岛（今克鲁克德岛），也去了哥伦布沙洲（今胡门托斯群岛），但上帝好像跟他开了一个玩笑，除了一些新鲜稀奇的农作物，例如玉米、马铃薯和甘薯之外，并没有发现想象中的黄金。

"司令，这边的土人说，在西南方向有个大岛屿。"一名年轻的船员看着哥伦布阴沉的脸，小心翼翼地报告。"那一定是日本岛。"哥伦布又一次地满怀期待率队开往西南的岛屿（今古巴）。10月28日，船队抵达今巴里亚门港湾，然而哥伦布等人在这里既没有发现黄金珠宝，也没有找到它是富庶东方国家的一点点迹象。梦想被残酷的现实击灭了，哥伦布彻底愤怒了。然而，西班牙人却在这里发现了后来被称为"植物黄金"的烟草，他们很快学会了吞云吐雾，当他们闻到这些草叶被火点燃发出的香味时，竟有些如痴如醉起来，接连几个月的心力交瘁在那一刻得到了彻底的放松。

但哥伦布疑惑了，这究竟是什么地方呢？如果这是中国的贫瘠地区，那么它的东边应该就是富庶的日本群岛了吧？土人告诉他们，东边不远处确实有一个盛产黄金的岛屿，叫作巴比克岛，东南部也有一个盛产香料、珍珠与黄金的大岛，叫作波希奥岛，于是船队沿着古巴海岸向东开去。11月上旬，哥伦布干了首起贩奴勾当，绑架了十几个土人。他以为这是印度土人，因此叫他们"印第安人"。

途中，急躁冒进的马丁·平松驾驶平塔号离开了船队，独自前去巴比克岛寻找黄金。哥伦布只得率领另外两艘船来到了海地西北的龟岛。然而就在圣诞的前夜，由于值班水手喝多了酒，没能及时预警，圣玛丽亚号在海岸搁浅。听到这个不幸消息的时候，哥伦布的眼神像是能够杀人了。幸好在土人的帮助下，大家齐心协力把船上的物资都抢救出来了。可是，现在只有尼尼雅号这艘最小的船了，这船根本坐不下那么多人。哥伦布只好鼓动水手们留下来,于是有39个人愿意留下来,以便找到更多的黄金。哥伦布便带着剩下的人,决定返航了。在归途中,哥伦布理了理自己的思绪,虽然这片土地是贫瘠的,但并没有其他国家发现,那么西班牙的国土就可以延伸到这里。想到这里,他欣慰地笑了。

哥伦布忘不了马尾藻海的恐怖,他丝毫不敢懈怠。他们又在海上行驶了近10日,令人高兴的是,平塔号也归队了。只是没想到,海上无常的天气成了他们平安返回西班牙的最大难题。1493年2月12日,在感受到船身摇晃的时候,海浪已经掀起两三米高了。哥伦布跑到甲板上仔细观察天空,乌云一片压着一片,他知道这只是开始。大自然开始展示它凶狠暴虐的一面,船身在肆意的风暴下摇摇欲坠,没有人能够站立得住。哥伦布不确定自己是否还能平安回到西班牙,他把发现西印度的信件塞到漂流桶里扔了下去。"上帝保佑。"做完这一切的哥伦布像是虚脱了一样,等他反应过来时,急忙喊船员用绳子把自己绑在船上以防被甩到海里去。这海上的风暴一吹就是四天,据后世考察,当时风力最高达到8级,载重仅60吨的尼尼雅号和平塔号随时有倾覆的危险。

13日,哥伦布眼睁睁地看着平塔号被风浪吹出自己的视线却无能为力,现在他是泥菩萨过江——自身难保。15日,哥伦布欣喜地发现了亚速尔群岛最南边陆地的踪影。18日,尼尼雅号停靠在圣玛丽亚岛。尽管已回到了旧大陆西部海域,但归程仍充满危险。24日,尼尼雅号重新启航,不料飓风一刮又是六天,船员们与狂风巨浪展开殊死搏斗。一波又一波的狂风巨浪再次袭来,哥伦布都开始有些怀疑了,是不是上帝一定要让他们葬身在大海中。

"去葡萄牙!"

1493年3月4日,尼尼雅号在风暴的威逼下,被迫在葡萄牙登陆。在里斯本郊外,哥伦布拜见了著名的航海家迪亚士,接着又觐见了葡萄牙国王若奥二世。国王已经听说了哥伦布的探险成果,他对当初拒绝哥伦布的建议懊悔不已。3月13日,尼尼雅号从里斯本启航,15日回到出发的西班牙港口。当天下午,躲过第二次风暴的平塔号也回家了。至此,哥伦布完成了他第一次横跨大西洋的海上探险之旅。

4. 建立殖民统治

(1)

哥伦布发现新大陆的消息像长了翅膀一样飞向欧洲的每个角落,他回到西班牙后受到了极高的礼遇。他向西班牙国王汇报发现的新农作物品种以及烟草。

他绘声绘色地讲述所见所闻，那些岛屿贫穷落后，人口被肆意贩卖。新土地的发现引起西班牙国王浓厚的兴趣。这是块可以殖民的土地，这是个值得重用的年轻人。航海家哥伦布的野心和君主扩大土地的野心，交织在了一起。

哥伦布并没有在西班牙休息很久，半年后，也就是1493年9月25日，虽然当时患病在身，但他还是坚持出发了。当哥伦布来到码头的时候，他震惊地险些扔掉手中的拐杖。整整17艘军舰在码头上呈"一"字形整齐排开，这是整整一支舰队！哥伦布很清楚，国王耗费巨大的人力、物力，不是让他带着游山玩水，而是进行土地掠夺、开疆拓土去！他热血沸腾……

浩浩荡荡的舰队又出发了，在西班牙巴罗斯港口画出了17道完美的直线。哥伦布这次航行，不只有船员、军人，还有皇室官。

（2）

在那个年代，哥伦布的航海技术已经代表了当时欧洲的最高航海水平。他在家休养的那半年时间并没有闲着，而是在仔仔细细地绘制航海图，研究新航线。这次海上之路一帆风顺，东北信风一路吹着，没有任何阻碍。在大部队到达多米尼加岛的时候，已经过了一个多月了。常年在海上漂泊的水手对此并无怨言，但那些从来没有吃过什么苦的皇室官员看到这样贫瘠的土地时，满脸都是掩饰不住的嫌弃。他们体型微胖，走一步高抬一步腿，生怕地上的泥水脏了自己的脚。

这是一次罪恶且丑陋的殖民扩张之旅。浩浩荡荡的1500多人在岛上登陆之后，便开始举行占领仪式。"这是属于伟大的西班牙的国土！"哥伦布从手下那里接过西班牙国旗，当着所有人的面，插在这片土地上。接着就是一声接一声的喊叫声和掌声，还有人把手指卷成圆圈放在嘴边不停地吹着哨子。哥伦布的心情欣喜难耐，占领一片土地的满足感远比发现金子的富裕感更能让他膨胀。

他们休整了两日，就开始向岛屿深处走去。他们的目的很明确，带着战争的杀伐和掠夺的恶意而来，一遇到一脸迷茫的本地土人时，他们就毫不留情地抓起来。没有人去可怜这些还活在石器时代的土人们，他们言语不通，稍有反抗，招来的就是一顿毒打。哀号与咒骂、哭泣与嘲笑此起彼伏，自打浩浩荡荡的西班牙军队登陆开始，这魔性的声音就开始伴随着他们侵略的脚步一直没有断过。有时候哥伦布的内心也是惶恐的。他听说过战场上的骑士应当是英武骁勇的，但当他真正看到士兵面无表情地把剑刺入人体的时候，血溅一地，仿佛溅到他心口上，他也觉得有些惶恐，有些罪恶。"我的上帝啊，原谅我！"但是一路这样走来，渐渐地就麻木了，习惯了。

　　航海图上越画越多的标记表示哥伦布一行人进行的殖民扩张范围越来越大。他们搜刮了整个多米尼加岛，又航行到了安提瓜岛。"哦，我的天！这里除了这些低劣的奴隶还有什么？"下船的那一刻，皇室官员从他的口袋里掏出了一条颜色鲜艳的手帕，嫌弃地捂住了鼻子。他们登上了安提瓜岛，又像之前一样先插上了西班牙国旗，表示从此以后这是属于西班牙的土地。又是一样的掌声，只是兴奋喊叫声少了一些。他们并没有在安提瓜岛待很久。这个岛屿并不大，就连土著居民都少得可怜。17艘船舰从安提瓜岛出发，摸到了维尔京群岛和波多黎各岛。

　　在他们不断探索侵略的时候，已经悄悄过去了好几个月。1494年2月，哥伦布接到了粮食供应不足的消息。"供应不足？"哥伦布是疑惑的，虽然他们一行人有1500多人，但是他们当初所预备的，还够坚持一段日子，但当他看到那些皇室官员一副再也不想待在这鬼地方的表情，就有些明白了。不过这样也好，他也实在不喜欢在自己的特长领域被其他什么都不懂的人指手画脚。像第一次一样，他决定大部分船只和人员返回西班牙。他自己则率领三艘船继续在古巴和伊斯帕尼奥拉岛以南水域探索"印度大陆"。

　　哥伦布并没有放弃寻找东方的机会，古巴岛和伊斯帕尼奥拉岛海域，已经探索得差不多了，但他一直都以为这是贫穷的印度，急切地寻找却没有找到他一直以来想要找的黄金。两年多时间匆匆而过，1496年3月，他发现物资实在不够支撑，不得不返航回国。于是，轰轰烈烈的第二次殖民扩张之行结束了。

5.发现美洲大陆

（1）

1498年，哥伦布率领第三次航行舰队出发了，六艘军舰，高大威武。这次距离上次回来已经隔了两年。这两年来，哥伦布过的并不是优哉游哉的幸福日子。病痛伴随他整整两年，终日疲倦满身，还发高烧，这令他寝食难安。昔日略微发福的男子，已经以惊人的速度瘦了下来，据后世考证，他患上了梅毒。

哥伦布有些吃力地站在甲板上，今天的天气不错。他站了没一会儿，四肢就开始感受到刺痛了，这使他不得不老老实实地回到船舱里待着。病痛折磨的并不只是他一个人。当他又回到伊斯帕尼奥拉岛的时候，发现大量的西班牙人感染了梅毒。哥伦布让手下去清点得病的西班牙人总数，得到的结果令他大吃一惊，足有160余人。染病的人被送回西班牙诊治，于是这种病也开始在欧洲大陆流行开来。

哥伦布知道，群岛的不远处一定有成片的大陆，他根据前两次探索绘制的地图，去摸索自己还没有到达的远方。他把舰队分成两队，自己带三艘去进行探险，另外派三艘去留守殖民地。1498年8月5日，哥伦布看着这广阔的土地，知道找到了"大陆"。虽然不确定这片大陆有多大，但是他能够确定，这已经不是岛屿了。他们在今委内瑞拉帕里亚半岛登陆，成群的海鸟被惊吓飞起。这不是对殖民者的迎接，而是为岛上的本土居民默哀。

然而此时，哥伦布的健康状况进一步恶化，殖民扩张也麻木了他的心。他开始肆意虐待、屠戮岛上的居民。甚至有发牢骚的、不听管教的西班牙人也被他抓起来绞死。新鲜的血液刺激到了他，使他感到兴奋。

"这些东西我们应该怎么分？"有些身份地位的西班牙人在战利品旁边围作一团。他们挑挑拣拣，吵吵闹闹，在利益面前谁都不肯让步，甚至动起了刀剑。此时，哥伦布正在自己的营帐里歇息。"司令，他们打起来了。"本就整夜失眠的哥伦布被吵醒，提着剑就出去了。这是个不太美好的夜晚，哥伦布一言不发，军用皮靴踩在地上发出"咯吱咯吱"的声响，他朝着闹事的那群人步步逼去，争吵的人还满不在乎，完全没有意识到他们的司令手中提着死神之剑正向他们走来。也许他们是知道的，只是他们被利益蒙住了双眼，最关键的是，他们是西班牙人，杀西班牙人是犯法的。

当第一个西班牙士兵的鲜血迸射出来的时候，众人愣住了。直到第二个人震惊地看着刺入自己体内的剑，众人才开始尖叫。"你在干什么！你疯了吗？"说话的男子被一剑刺穿喉咙。这时，时间是漫长的，哥伦布在收割了几个人的生命之后，才缓缓回过神来。他用沾满红色液体的左手揉了揉眉角，右手把剑一丢，摇摇晃晃地回到营帐里去了。事情向来是一回生二回熟，从那以后，哥伦布往往不分西班牙人和本土居民，在他的眼里，只有顺他意愿、听话的人，凡是不听话的，直接采取暴力的手段处决。

当西班牙政府接到消息的时候，已经是很久之后的事情了。一些西班牙定居者和士兵回国后，向西班牙国王与王后汇报哥伦布的残暴统治。一接到消息，王后就找来了亲信弗朗西斯科·波巴迪拉，命他去殖民地调查处理此事。她要让哥伦布知道，他现今拥有的这一切——权力、金钱，不是让他拿来屠杀西班牙的！

（2）

哥伦布在新殖民地的管理仍处于混乱之中。西班牙人与土人的关系越来越差，成帮结队的西班牙人在岛上横行霸道，偷窃土人的黄金，抓土人做苦役，甚至强奸土人妇女，一场公开的战争终于爆发了。狂躁的哥伦布率领荷枪实弹的西班牙士兵对土人进行了野蛮大屠杀，然而，这只是一个开始，欧洲白人对美洲的土人不断抢劫、屠杀、贩卖，导致伊斯帕尼奥拉岛的阿拉瓦克人几乎遭到了灭绝。

"不听话的人留着有什么用？杀了就是了。"哥伦布这毫无感情色彩的一句话说出，绞刑架上的七个西班牙人就魂归西天了。当弗朗西斯科·波巴迪拉来到哥伦布的驻地，首先入眼的就是这个巨大的绞刑架。上面的尸体已经开始散发出浓烈的恶臭，他震惊了。他撞开哥伦布的门，直接一把抓起因病痛躺在床上的哥伦布："伙计，谁给你的权力，让你杀害我们的同胞？"

1500年9月，哥伦布因为被举报，双手双脚带着锁链，被强行押回了西班牙。在归程中，哥伦布失去了一切的风光。他被关在小屋里，连基本的光线都不是很足，满屋子都是潮湿的霉味，这让他的关节从最初的发炎，然后开始肿胀，疼得他不停地在地上翻滚。他开始发烧，高烧伴随着他的整个回程之路。他甚至开始喃喃自语，说胡话。他出现幻觉，看见世界毁灭，开始大笑大叫，大家甚至以为他疯了。跟着他回来的还有30个印第安人及250个感到失望的西班牙人，因为船小人多，再加上食物储备不够，当他们回到巴罗斯时，个个面黄肌瘦，有的甚至饿成了骷髅，只能踏着艰难的步履走下舷梯。第三次探险就这样草草结束了，但是哥伦布的耻辱刚刚开始。

被押回国的哥伦布戴着手铐脚链，一步一蹒跚地在街上走着。他回到西班牙是受审的，然而奇特的是，这场游街并没有引起民众的愤慨，反倒引起了大家深深的同情和怜悯。因为第三次探险的发现已经引起整个欧洲的震惊，大家意识到那是一个不同于亚洲的"新大陆"。声援哥伦布的声音一浪高过一浪。"放了他！""放了我们的英雄！""他发现了新大陆！"对于哥伦布的审判意见也是尖锐对立的，这让西班牙国王十分为难。王后也很震惊，虽然她表示会继续信任哥伦布，但是没有恢复他的海军司令头衔，他也不再是西印度群岛的总督了。在社会舆论的压力下，哥伦布和他的弟弟很快就被释放，但很长时间，国王也没有理会他。

6. 没有结束的生命之旅

（1）

1502年，哥伦布终于说动了西班牙国王支持他的新探险计划，但资助金额少得可怜，而且原有的利润分配方式也取消了。哥伦布在航海日记里面写道："我的生活痛苦不堪，我的地位、荣耀和财富都已消失殆尽。"因此，他对此次探险报以很大的期望，他希望打通经大西洋前往日本的新航线，找到无穷无尽的金银财宝，摆脱殖民地独裁者的恶名，重新获得荣誉地位。

5月9日，哥伦布只带了4艘船、140多人的队伍就出发了。"司令！"年轻的水手带着敬仰之心对着哥伦布行了一个标准礼。哥伦布眯起了双眼，只有他自己清楚，他的眼疾已经没有办法看清面前的人，甚至看清他面部的五官。在几年前，他的双眼就开始间断性失明，并往下流血。死神已经向他缓缓逼近了，他随时有可能死在这次探险中，但他绝不能放弃开启远东大门的最后机会。

哥伦布是很焦急的，全程几乎是全速在前进。他计划从已经发现的"中国"（即古巴）南部海岸和他所发现的"天堂之地"（即南美洲）中间航道穿过，直接到达东方的日本和印度，再继续西行，从地球的另一边回到西班牙。但是上天好像是在戏弄他一样，出发不久，加勒比海就刮起了飓风，飓风摧毁了伊斯帕尼奥拉岛海港处停泊的29艘船，500多人丧生大海。而哥伦布带领的船队停泊在岛北部的一个小港湾里，躲过了这场灾难。接下来，船队顶着强劲的风，迎着滔天的巨浪，经过洪都拉斯、尼加拉瓜、哥斯达黎加和巴拿马。中途，在牙买加短暂休整，获得了补给。

他们这一路几乎都是在海上开辟航道，对于欧洲人来说，这是全新的世界，没有人曾经到过这么偏僻的地方。哥伦布眼睛已经看不清，航海图也只能让别人来代画。他们穿过牙买加一直西行，但是被迫停在巴拿马港湾。再往西没有什么海洋了，无水路可往西去。这个地方叫作奇里基，土人告诉哥伦布，翻越大山，在山的对面，有一条通往另外一个大洋的通道。这条通道其实就是三百多年后开掘巴拿马运河的地区，然而哥伦布一心想在水路上找到通道，他拒绝了土人的提议，失去到达太平洋的机会，因此在后来的时间里，船队还是在大西洋兜圈子。

海上漂泊的生活是枯燥艰苦的，有人写道："那时的人不喜欢洗澡，所以可以想象，卫生条件非常糟糕。水手们紧挨着睡在甲板上，由于他们从不洗澡，加上船上的饮食有很大一部分是大蒜、盐腌牛肉、烈酒之类的东西，所以船上臭气熏天，散发着一股股由于腐败发霉带来的恶臭。"五个多月却没有进展的探险让船员们慢慢失去了耐心，哥伦布终于放弃了对航海通道的寻找，转而在巴拿马开掘金矿。这附近高山上的多种贵金属，金、银、铜等被溪水冲刷下来，汇聚到河边，所以土人们已经有一套成熟的冶矿技术，而哥伦布则用最便宜的玻璃珠子换取大量的金子。西班牙人的巧取豪夺以及传教活动引起了土人的愤慨，在一波接一波的进攻下，哥伦布不得不撤退到最为安全的海洋上去。

不幸的是，第四次探险中遭遇的第四次飓风来临了，船队好不容易在狂风巨浪中找到一个小岛停靠，但航船因为船蛆腐蚀而破败不堪，实在不能返回海洋了。哥伦布不得不派遣一名忠诚的水手到最近的殖民地伊斯帕尼奥拉岛求助，留在岛上的哥伦布又陷入肉体病痛的折磨中。梅毒晚期的种种症状让他痛苦不堪，他有时无法行走，又有周期性失明，常常导致他神志昏迷。在岛上的船员们还发生了分化，一对兄弟船长率领部分船员造反，幸好大多数忠心耿耿的船员们联合起来，打败了叛乱者。一个月后，救援船终于到来了，出发时的140余人居然还有110多人幸存。

1504年6月29日，病入膏肓的哥伦布不得不带着自己的儿子、弟弟和其他22名成员乘一只租来的船返航了。第四次探险过程惊险，但毫无结果，大部分的船员被这趟惊险的旅程吓破了胆，拒绝返回西班牙，而宁愿留在伊斯帕尼奥拉岛。哥伦布为了回国，甚至不得不为返程自掏腰包，他沮丧失望，痛苦至极。11月，哥伦布回到了西班牙，他的声誉跌到谷底，但他依然尽力争取再次驶向新大陆的机会。西班牙国王断然拒绝了他的请求，他再也没能挽回自己的声名和财富。可以说，晚年的哥伦布过得很不好，病痛折磨了他很多年，直到他死去。

1506年5月20日,风光一时的"海上霸主"哥伦布在病痛中结束了他的一生。

（2）

每年10月的第二个星期一是哥伦比亚日,此节日是为了纪念1492年克里斯托弗·哥伦布到美洲的历史之旅,由于哥伦布是意大利热那亚人,因此这个节日对意裔美国人尤其重要。

哥伦布日是美国于1792年首先发起的,当时正是哥伦布发现美洲300周年的纪念日。后来在1893年,芝加哥举办了哥伦布展览会,并举办了盛大的纪念活动。从此,每年的10月12日,美国大多数州会举办纪念活动。而这个习俗亦开始传遍整个美洲,现在不论北美洲、南美洲,还是加勒比海地区的国家都会在哥伦布日举行纪念活动。由于哥伦布为欧洲开启了殖民美洲的大门,而对印第安人来讲则是侵略的开始,哥伦布日在美国的一些局部左派思想地域,如加州伯克利,被称为"原住民日"。委内瑞拉从2002年开始把这个节日称作"原住民抵抗日"。

出于对自己同胞的骄傲,纽约市的意大利后裔于1866年10月12日组织了第一个庆祝发现美洲的活动。第二年,更多其他城市的意大利人开始在那一天举办餐会、游行和舞会。1869年10月12日的旧金山意大利人在这一天举行纪念活动,他们把这一天叫作哥伦布纪念日。

1905年科罗拉多州成为第一个庆祝哥伦布纪念日的州。在之后的几十年里其他的州也陆续开始庆祝这个节日。1937年富兰克林总统宣布10月12日为哥伦布纪念日。自1971年开始纪念日定在10月的第二个星期一。

骁勇善战的民族英雄——维瓦尔

罗德里高·迪亚兹·德·维瓦尔（Rodrigo Díaz de Vivar，1043—1099），人称熙德（El Cid，阿拉伯语对男子的尊称），卡斯蒂利亚贵族，巴伦西亚的征服者和城主，西班牙民族英雄。熙德出生于卡斯蒂利亚王国（今西班牙境内）比瓦尔村，父亲是当地贵族。由于他英勇善战，赢得了摩尔人的尊敬。卡斯蒂利亚国王阿方索六世因熙德对摩尔人作战功勋卓著，将自己的堂妹希梅娜许配于他。1080年，熙德因未经阿方索国王的同意，擅自对穆斯林王国托莱多发起进攻，引起国王强烈不满，于次年被予以流放国外的处分。熙德被迫率领一部分亲友和追随者离开卡斯蒂利亚，到占据萨拉戈萨的摩尔国王的军队中效力，并成为国王的保护人。熙德后来脱离了摩尔国王，由于他骁勇、慷慨大方、宽宏大量，许多卡斯蒂利亚和周围各王国的勇士慕名前来投奔，熙德的势力迅速壮大。1094年，熙德攻下了巴伦西亚及其周围地区，成为这一地区实际上的统治者。1099年，熙德在巴伦西亚去世。

在西班牙这个美丽富饶又充满激情的国度，传奇人物"熙德"（即罗德里高·迪亚兹·德·维瓦尔）留下了令人津津乐道的故事，熙德是阿拉伯人对男子的尊称，意为"领袖"。他是一个正邪难分的乱世英豪。在他身上，既有骑士的英勇，也有枭雄的算计；他为了伯乐桑乔二世而冲锋陷阵，也在途穷之际投奔摩尔人，最后又回归祖国西班牙。巴伦西亚是他最后的归宿，他当上了这里的城主。在那个西班牙惨遭伊斯兰教入侵的年代，骑士维瓦尔为西班牙国王保住了一座又一座的城。他的名字在西班牙地区如雷贯耳，以他为主角吟唱的史诗《熙德之歌》与法国的《罗兰之歌》、德国的《尼伯龙根之歌》并称为中古欧洲三大英雄史诗。

1. 宝剑出鞘

（1）

如果说他的本名维瓦尔，也许有人不知道，要是说熙德这个名字，就鲜有西班牙人不知道的了。只要是在西班牙生活的人，或是略知西班牙历史的人，都应该知道熙德的传奇故事。这个把冷兵器时代骑士精神发挥到极致的男子，披斗篷，跨骏马，征战沙场，气质超群，无论是国人还是敌人，都对他奉上尊崇之意。

中古欧洲时期的西班牙正如中国的五代十国一样，小国林立。卡斯蒂利亚，在很早的时候只是莱昂王国东部的一个郡，渐渐地发展成为西班牙诸国中的一个大国，约占西班牙领土的 1/4。1043 年，在卡斯蒂利亚王国比瓦尔的一座贵族府邸里，忙碌的医生和婢女在一个房间里进进出出，每个人的脚步都是十分匆忙。屋内，一位夫人的喊叫声好像一直就没有停过，看情形像是快要生了，但听叫声，生产并不是那么顺利。突然，一声惊雷，在场的所有人浑身为之一颤。惊雷过后，是一个婴儿发出的清亮的啼哭声。这是个健康精神的男孩，稀疏的头发泛着微微的红色。所有人都欣喜不已，终于迎来了可爱的公子，这是极受家族欢迎的男丁，将来可以承袭门楣、光宗耀祖的人。但没有人想到，这位活泼的男孩会成长为拯救西班牙、比国王还要荣耀的伟大人物。

（2）

在西班牙林立的小国之间，几乎每天都在发生大大小小的战争。国王们也以培养骑士（尤其是忠于国王的心腹骑士）为重任。皇亲贵族的子弟们并非整日养尊处优，相反，他们从小身处最好的学习环境，拥有最好的指导老师，接受最好的教育，也要进行最艰苦的骑士训练。这对于普通人来说是求之不得的，但这些皇亲贵胄要付出比旁人更多的努力，要有过硬的心理素质和勇猛的体格，临阵要更加奋不顾身，身先士卒，才能符合骑士的要求，实现家族的荣光。所以，身为卡斯蒂利亚贵族公子、皇室旁支的维瓦尔也要经过层层的严厉考核。

考核一开始，维瓦尔瞬间就进入了状态。他每日的勤修苦练终于有了结果，武士挥动的重剑狠狠击来，却被维瓦尔持盾扛住，发出了"咣"的巨响。武士持剑下压，维瓦尔咬紧牙关，努力坚持。虽然万分吃力，但他绝不放弃。强壮的武士看到自己的剑居然被一个少年扛住，除了诧异还有些羞愤。特别是在所有皇亲贵族的面前，甚至国王、王后也在。他暗暗加重了手上的力道。维瓦尔用肩膀抵着盾，感受到上方越来越大的压力，大叫了一声，仍死不放手。那粗蛮的武士见到这样的情形更加羞愤，突然把肩膀上的力道一松。缺少实战经验的维瓦尔来不及应变，往前一扑。他的眼睛倏地睁大，因为武士把剑举了起来，准备借着下落的力道给他狠狠的一击。他大喊一声，准备用臂膀去挡剑，就在这危急关头，国王喊"停"。

西班牙国王桑乔二世把这个勇猛顽强的少年叫到了面前，上下打量着他。那孩子的眼神错不了，那就是渴望强大、渴望被认可的眼神。难能可贵的是，这孩子很有潜力和天赋。国王自信不会看错。在冷兵器时代的西班牙，英勇的骑士总会受到国王的青睐，桑乔二世发现了一个日后战场上的霸者。

"你叫什么名字？"

"罗德里高·迪亚兹·德·维瓦尔。"

"想不想跟着军队学习杀敌的真本事，做一名真正的国王的骑士？"这句话从国王的嘴里说出来，就是要培养他成为骑士的允诺。桑乔二世看见少年的眼睛亮了。维瓦尔万分激动，在他以后的生命中，这一幕永世难忘。国王既是他的君主，也是他的伯乐，是为他开启骑士之路的恩人。

（3）

在国王的有意栽培下，维瓦尔进步神速。他努力地学习，加上对于军事的极高天赋，很快就脱颖而出。

这几年，对维瓦尔来说，真如白驹过隙，他沉浸在骑射作战的世界里无法自拔。维瓦尔第一次上战场的时候，勉强能压住身下的骏马。战争一开始，两方军队都勇猛冲杀，很快便一团混战，有目的有意识的厮杀变成机械般的砍杀。《熙德之歌》里这样形容屠杀的战场："人们只见到刀枪在上下飞舞，许多面盾牌被刺穿，许多件铠甲被撕烂，许多面白旗被血染红，许多匹无主的骏马在狂奔。"冲杀的感觉没有让维瓦尔感受到惧怕和恐惧，他仿佛是为战场而生的骑士英雄。虽然手持的长矛比他的腿还要长，但他挥动长矛向敌人狠狠刺杀，坚忍果决，毫不留情。战场洗礼之后，维瓦尔的周身就像笼罩了一层血光杀气，不怒自威，即便是沉默的样子，也让人实在不敢随意接近。

桑乔二世满意地看着年轻的骑士，他知道自己不会看走眼，这是一把极其锋利的"兵刃"，是专为他狩猎而出鞘的"宝剑"。桑乔二世在每一场战斗后都会接见维瓦尔，他看着这个年轻人一点点地成长，从只能借巧劲杀敌，到完全以自身力量去制服敌人。当然，国王需要的不是有勇无谋的战士，而是既能冲锋陷阵又能统兵杀敌的将领。国王给他未来的骑士找了最好的兵法老师，他希望维瓦尔能够担任发布军令的将军，而不是听令的士兵。深沉的国王暗暗观察着维瓦尔的成长和进步，随着捷报的增加，他知道，他的"宝剑"

可以出鞘了。

维瓦尔毕恭毕敬地站在桑乔二世的面前。国王打量了他许久,当初的少年现在已经成长为真正的男子汉了。"你愿意当我的掌旗官吗?"维瓦尔有些不解,那可是皇家近卫军的总指挥啊!此时的维瓦尔骑士,22岁,风华正茂,英气逼人,年纪轻轻就能被国王所赏识,委以掌旗官的重任,他觉得这副担子真是重逾千钧。接下来的20多年,维瓦尔都忠心耿耿地为桑乔二世统领皇家卫队。作为一个极具天赋的军事家,他知道西班牙不会太平,摩尔人的侵略还在继续,西班牙本土的收复战争越来越激烈。他每天都积极地操练皇家近卫军。1067年,他扈从桑乔二世征讨摩尔人的萨拉戈萨王朝,迫其称臣纳贡。但是,宝剑接下来指向的地方,却并不是摩尔人,而是相争的手足。

2. 野心家的助攻

(1)

维瓦尔是在费尔南德一世的宫廷中成长的,皇家的事情,他略有耳闻。老国王费尔南德一世去世前,把卡斯蒂利亚王位和萨拉戈萨穆斯林王国给了长子桑乔二世,把莱昂王国和托莱多穆斯林王国给了次子阿方索六世,三子加西亚所继承的地盘加利西亚与两位哥哥相比简直不值一提。尽管如此，维瓦尔还是能看出国王桑乔二世的不满，他不满父亲把刚统一的王国又拆分开来，不满弟弟们能继承这么多的遗产。

一天，维瓦尔跟随桑乔二世经过莱昂王国的边境，他看着国王那饥渴带有侵略性的眼神，就能够猜到，桑乔二世一定会找借口开战。"维瓦尔，你看，这地方美不美？"他们站在山坡上，视线的角度刚好能够看到下面莱昂王国繁华热闹的街市。

"陛下，这个山头没有树，并不美。"维瓦尔回答得很委婉。

桑乔二世收回望着山下的眼神，转而紧盯着维瓦尔。维瓦尔微微低头，神态十分谦卑。"维瓦尔，你帮我夺回这片土地怎么样？"桑乔二世直截了当地命令道，他知道骑士维瓦尔对他的忠诚。

"这是您弟弟的国土，陛下。"维瓦尔恭恭敬敬地行了一个骑士礼并回答。

桑乔二世听到维瓦尔的回答，一言不发，维瓦尔是个好骑士，但是太年轻了，不明白政治的重要性和残酷性，还需要他的指导。之后，为了吞并莱昂王国及其他小国，重新统一西班牙，桑乔二世发动了一波又一波的攻击，曾经的手足终于两军对垒。战场上，这边是国王桑乔二世带着忠诚的骑士维瓦尔，那边是国王的堂弟纳瓦拉的桑乔四世和阿拉贡的桑乔一世。

战场上的维瓦尔骑白马，挥宝剑，英俊潇洒却又杀气逼人。他在这次战争中发挥了极大的作用，成功夺回了费尔南德一世为了酬谢帮助对抗贝尔穆多三世，而交给加西亚（桑乔四世父亲）的拉布雷瓦、拉里奥哈和阿拉瓦。这三地的收复，表示在三桑乔的战争中，桑乔二世大获全胜。桑乔二世开始被称作"强者"，当然了，直接夺取这场战争胜利的维瓦尔，也开始被各国国王所探听熟知。

"真是我的好骑士，维瓦尔！"桑乔二世大摆庆功酒，亲自给忠实而又英勇的骑士斟满了酒。维瓦尔没有受宠若惊，一如往常的谦卑恭敬。他行了一个标准的骑士礼，然后接受了国王的赐酒。

（2）

这是1068年，桑乔二世并不满足收复区区阿拉瓦三地。他是野心勃勃的国王，满怀成功的欲望和抱负。早在父亲去世时，桑乔二世就公然拒绝接受这个遗产方案，他与两个弟弟进行战争只是时间问题。国王的心思，骑士自然明白，维瓦尔越发抓紧时间为桑乔二世操练勇猛的兵士。面对桑乔二世咄咄逼人的进攻，阿方索六世却不太想与大哥对垒。从小到大，他一直都是被这位大哥打压着，无论是文治还是武功，总是逊色不少。说起来，对于大哥，他的心里有着习惯性的恐惧，战争虽然还没开始，他已经有了打退堂鼓的想法。

良塔达战役一开始，骑士维瓦尔就身先士卒，拔剑拍马冲了出去，率领军队以排山倒海之势扑向阿方索的士兵。阿方索六世眼看己方的士兵被杀得溃不成军，急忙掉转马头逃跑了。其实，他一开始就有必输的预感，神情紧张地盯着战场，一有什么不对的兆头就准备逃跑。桑乔二世打败了弟弟，但没能完全消灭阿方索六世的势力，现在他也想不出什么更好的办法能够把弟弟从老巢里骗出来了。

"维瓦尔，你说，受了惊的兔子，要怎么抓呢？"

"陛下，让他放松警惕。"

"嗯。"桑乔二世等着维瓦尔继续说下去。

"让他以为您对他没有什么兴趣。"

桑乔二世皱起了眉头，这可能吗？他对弟弟的国家垂涎已久，众人皆知。当然，不仅是二弟，三弟的国土，他也注意很久了。桑乔二世突然笑了一下，他想出了一个法子，可以一箭双雕。

阿方索六世听说大哥桑乔二世派来使者时，不敢相信自己的耳朵，这是一封简简单单请求联盟的书信。信中再三解释对莱昂王国没有领土要求，又向他请求同盟，一起去攻打三弟加西亚。说实话，阿方索六世也是一个有野心的人，只不过一直以来都被桑乔二世所压制，不敢表露出来。现在看来，桑乔二世发现了他的图谋，所以愿意与他一起分享加西亚的土地了。被鼓动了野心的阿方索六世马上召开会议，大臣们七嘴八舌，商量了半天，也没有什么具体结果。最后有一位老臣说："如果拒绝的话，桑乔二世想必会在进军加利西亚前，先转头对付我们莱昂王国。"此话一出，所有人都沉默了，他们知道，这句话说出了实质。

桑乔二世的宫廷里，他正与骑士谈论此事："你说，我那亲爱的弟弟会答应吗？"

"会。"维瓦尔的回答还是那么简洁了当。

"为什么？"

"他没有什么退路。"听到维瓦尔的回答，桑乔二世满意地笑了。不久，就传来了莱昂王国同意结盟的好消息。当加西亚看见两位兄长的军队如狼似虎，兵临城下时，他束手无策，只进行了微弱的抵抗，就举手投降了。

（3）

1071年，加利西亚的战争刚刚结束，1072年桑乔二世就带着军队转而攻打当初的盟友阿方索六世。沉浸在戈尔佩赫拉战役大捷喜悦中的阿方索六世，哪会想到自己的盟友、大哥变脸这么快，刚刚一起瓜分了弟弟的土地，就掉头杀过来了。兄弟俩第二次交锋，野心膨胀的桑乔二世亲自率队冲杀。加西亚的加利西亚，他要，阿方索的莱昂王国，他也要。

1072年，被兄长桑乔二世击败并俘虏的阿方索六世丢掉了莱昂王位，并被流放到托莱多的穆斯林宫廷中。"亲爱的弟弟，我觉得托莱多的风景比莱昂更美，你觉得怎样？"阿方索六世看着大哥那似笑非笑的表情，心头的石头总算落了地，谢天谢地，他的小命保住了。然而，桑乔二世的胜利是暂时的，莱昂王国里反对桑乔二世的势力还很大。桑乔二世的姐姐乌拉卡夫人不满他的兼并战争，联合其他反对派，据守萨莫拉城，负隅顽抗，反对他的统治。

"很好，围住萨莫拉城，全歼叛军。"桑乔二世得到线报后，一声大笑，紧接着就是下令围城，"维瓦尔，你说萨莫拉的叛军能支撑多久？"

"不会超过一周。"维瓦尔自信地回答，据守萨莫拉城的反对势力都是一些乌合之众，与他训练的近卫铁骑相比，简直是不堪一击，而且莱昂王国的阿方索六世已经被流放，没有了君主的统率，这些人成不了气候。只是，两个人都忽略了一点，那就是困兽犹斗，明枪易躲暗箭难防。

10月6日，卫兵来报，一个衣衫褴褛的人，自报名叫贝利多·多尔福斯，说是萨莫拉的贵族，愿意向国王献上破城之法，但是要求密会桑乔二世，破城心切的桑乔二世私下接见了他。得到消息的维瓦尔觉得不妙,匆匆赶来护卫国王,不知为何,他的心里有种不安,并且这种不安的心情随着他一步步接近王帐,越来越强烈。"陛下?"维瓦尔掀开帘子,发现桑乔二世已倒在一片血泊之中,一动不动,国王的佩剑正插在他的胸膛上,眼见已是无法挽救了。维瓦尔几乎是疯了一般地追了出去,他知道,那个刺客现在一定会往萨莫拉城跑去。

被暗杀的桑乔二世

"快一点,再快一点。"维瓦尔胯下的马仿佛能感受到主人焦急的心情,撒蹄狂奔。渐渐地,前方也听见马蹄声了。在这深夜,这匆匆逃跑的马蹄声,还有那催马快跑的急促声音,错不了,一定就是刺客。他猛地一踢马肚子,骏马高高扬起它的前蹄,发出复仇的嘶鸣,又加快了速度。眼看着萨莫拉的城墙越来越近了,但是当维瓦尔策马赶到城下的时候,却只看到一匹空马,而没有那个刺客的身影了。城门旁有个极不起眼的小门，杀害桑乔二世的凶手就是从这个小门里，逃进了城，从此，萨莫拉的这个门有了一个耻辱的名字"叛徒之门"。

3. 民族英雄维瓦尔

（1）

世事无常，造化弄人。桑乔二世并没有子嗣，因此他的王位不可能被直系继承了。最尴尬的不是江山易主，而是易给了维瓦尔曾经的手下败将、桑乔二世的亲弟弟阿方索六世。被流放的阿方索六世听到这一消息时，激动万分，自己一直以来的宿敌，终于死掉了。不仅如此，桑乔二世没有子嗣，而他们的三弟早已去世。这样一来，能接替桑乔二世王位的人，也就只有他阿方索六世一个人了，那些曾经被兼并的王国、土地、子民，都将归属于他了。这么一想，阿方索六世激动地喊了出来："感谢上帝！"

阿方索六世迁居卡斯蒂利亚皇宫后，心情愉悦极了。他屏退了侍从，一个人在御花园里漫步。他坐着以前哥哥坐的王座，看着他平时所欣赏的风景，觉得身为强国君主的感觉真是很威风。阿方索六世慢慢地逛着，一个魁伟的身影突然落入视线，他是认得这个人的。在三次战争中，都给他留下深刻印象的掌旗官维瓦尔，大哥最忠诚勇敢的骑士。虽然桑乔二世已经去世，维瓦尔还是近卫军将领，他一如往常地训练兵士。阿方索六世慢慢地踱了过去，维瓦尔停止动作，率兵士向新君主恭敬地行礼，阿方索六世点点头，示意他们继续训练，又踱了开去。维瓦尔没有任何的不安，训练照常。这样一个荣辱不惊的骑士，令阿方索六世陷入了深思，如何才能让他真心为己所用呢？维瓦尔英勇善战，领导有方，是一个难得的人才。毕竟阿方索六世也是一个野心勃勃的人。

阿方索六世虽然暂时保留了维瓦尔掌旗官的职务，但是他的亲信大臣，加尔西亚伯爵却十分忌恨曾经的敌人维瓦尔。而耿直的维瓦尔即使面对现在的宠臣加尔西亚伯爵，也是直言无忌。骑士的忠直到底经不起宫廷的逸言，经不住众人的劝说，阿方索六世终于还是免去了维瓦尔近卫军统帅的职务。为了加强维瓦尔与莱昂贵族的关系，1074年，他被国王赐婚，新娘子是国王的侄女希梅娜，这是一位聪明美丽、睿智大方的贵族小姐。虽然维瓦尔在宫廷中的处境不佳，但上帝给了他最好的补偿，就是一位真心爱慕他、终身追随他的妻子。

1079年，维瓦尔被派遣出使塞维利亚的摩尔人王国，向他们征收贡品。此时，格拉纳达王国军队进攻塞维利亚，维瓦尔率军在塞维利亚附近的卡布拉击溃了格拉纳达军队，擒获其统帅奥多涅斯。但是，军事上的胜利恰恰成了他政治上的失败，导致他进一步被国王贬斥。嫉妒他的朝臣甚至诬告他侵吞贡品，阿方索六世半信半疑。

然而，次年，一件事情激化了国王对他的疑忌。1080年，维瓦尔未经国王的同意，就擅自向受国王保护的托莱多王国发起进攻。而托莱多王国，正是当年阿方索六世的流放地，曾经对患难中的国王照顾有加。这引起阿方索六世强烈的愤怒，下令流放维瓦尔，限他急速离开卡斯蒂利亚。维瓦尔不得已向妻子和两个女儿告别。临别时，他把她们紧紧地搂在自己的前胸，他的眼里射出慈爱的光芒，但一声长叹，这位刚强的汉子也忍不住掉下泪来，他对妻子说出了最温柔的告白："希梅娜啊，我的贤妻，我爱你犹如爱我自己！"

维瓦尔带着被流放的一行人离开了，他看看忠心追随他的骑士们，耸了耸肩，又晃了晃头，语气轻松地说道："尽管我们被迫离开了国家，但以后，一定能体面风光地回到卡斯蒂利亚！"说完，他松开缰绳飞驰，骑士们紧跟而去。

维瓦尔被流放的消息很快就传遍各国，大家都感到极度震惊。各国君主纷纷下令，一定要找到维瓦尔，然后许他最丰厚的报酬，吸纳他为自己效力。

（2）

最终，占据萨拉戈萨的摩尔人君主、塞维利亚阿巴德王朝的第三代统治者穆尔台米德的使者最先找到维瓦尔，失去了祖国的维瓦尔投入了摩尔人的军队。他在战场上依然勇猛，对自己的君主依然忠心，但是心中是空洞的。有时，维瓦尔会想起那位最懂他心的伯乐国王——桑乔二世，他的引导、他的宽容、他的提携，以及他最后躺在血泊中的魁梧的身体……没能为自己的国王报仇，是维瓦尔心中的长痛。

维瓦尔在摩尔王国时，征战四方，屡立战功，他的势力迅速壮大，甚至成为摩尔王国的实际保护人。维瓦尔熟悉复杂的西班牙政治体系的运行和律法，了解各处风俗习惯，加之处事公正严明，不偏不倚，赢得了众人的尊敬，被尊称为"熙德"，意为"我的大人"。1082年，穆尔台米德遣他出战，打败了莱里达摩尔人与基督教联军，第一次俘虏巴塞罗那伯爵，但他慷慨地释放了伯爵。1084年，他又打败了阿拉贡王国国王桑乔一世·拉米雷斯率领的基督教大军。他战功累累，穆尔台米德对他感激万分，十分倚重，赏赐丰厚。但维瓦尔势力增长很快，他不愿久居人下，不久就独立出去，脱离了摩尔王国。《熙德之歌》里如此描述人们对他的依赖："熙德要离开城堡的时分，男女摩尔人都悲叹伤心：您走后，熙德，我们的祈祷伴随着您前进！我对您，主人，怀着感激之心。男女摩尔人抽泣、泪水沾襟。"

独立后的维瓦尔慷慨大方、宽宏大量，在战争中获得的金钱和财物，他取 1/5，剩下的全部分给部下，他甚至派人去见流放他的阿方索六世，向他送上配备齐全的骏马。因此，许多卡斯蒂利亚的老部下和西班牙诸王国的骑士们都慕名来投，阿方索六世对此予以放行，没有没收他们的财产和农庄。此时的维瓦尔隐隐成了地区豪强，他不再依附于任何强权，而是护卫一方和平，休养生息，积蓄力量，待机崛起。

但是这一时期，阿方索六世的日子却并不好过。最初，他的扩张运动是顺利的，他征服了巴伦西亚和阿尔梅里亚的广大地区，在西班牙中南部取得了胜利。接着，阿方索六世围困萨拉戈萨，穆尔台米德不得不请北非的摩尔人增援。1086年，北非的优素福·伊本·塔什芬率军登陆西班牙，在萨拉卡战役大败阿方索六世率领的号称60万大军的基督教联军，建立了统一的穆拉比特王朝。阿方索六世统一西班牙的努力遭受了重大挫折，他被迫收缩阵线，巩固其他的征服地区。所谓"国难思良将"，阿方索六世开始怀念被他流放的维瓦尔了，他派出了使者携带重宝去邀请维瓦尔回国御敌。

还没等能言善辩的使者施展他的口舌之才，维瓦尔就痛快地答应了回国的请求。维瓦尔的回答很简单，就是三个字："那走吧。"维瓦尔始终是一名忠于国家、忠于民族、忠于君主的骑士，当国家有难、君主命令的时候，他迅速捐弃前嫌，回国效力。然而，这次回去，他不再是那个不懂政治的近卫军将领了，他不但要保护国家，还要开辟自己的一片天地。

4. 巴伦西亚的城主

（1）

回国后的维瓦尔受到了阿方索六世的热情招待。面对君主的满脸笑意，维瓦尔也不是过去那个不懂寒暄客套的骑士了，他也虚情相对。客套一阵后，阿方索六世终于说到了重点："维瓦尔将军，您觉得可有把握攻下巴伦西亚王国？"

"摩尔王国的领地，易攻难守，不成问题。"维瓦尔的回答一如往常地切中要点，言简意赅。

维瓦尔回到萨拉戈萨，并致力于征服巴伦西亚摩尔王国的工作，他不但表现了骑士的英勇美德，也显现出非凡的政治智能，因为他运用谋略攻取巴伦西亚。

再度返回西班牙的维瓦尔有自己的想法，而阿方索六世似乎也默许了他的做法，以期他能成为自己的坚强一翼。于是，维瓦尔开始实施复杂周密的计划，致力于在富庶的巴伦西亚王国建立起自己永久的根据地。他和巴塞罗那伯爵作战，第二次生擒伯爵，又再度慷慨地释放，消除了后者对巴伦西亚的影响力。因此，维瓦尔成为巴伦西亚统治者卡迪尔的保护人，卡迪尔向维瓦尔纳贡。1092年秋天，巴伦西亚的奸相哈贾夫发动叛乱，杀死了国王卡迪尔，终于等到良机的维瓦尔乘机出兵，宣布平叛勤王。维瓦尔对哈贾夫穷追猛打，两年后，走投无路的哈贾夫终于投降，维瓦尔成为巴伦西亚的征服者和实际统治者。虽然他在名义上尊奉西班牙国王阿方索六世的命令，实际上是个独立的统治者。维瓦尔将巴伦西亚宫廷里的骏马和珠宝贡献给阿方索六世。为了笼络这位地区统治者，阿方索六世则派人将维瓦尔的妻子女儿送到了巴伦西亚，等于默认了他的独立地位和城主身份。维瓦尔陪着妻女登上巴伦西亚的城堡最高处。城市的另一边是广阔的海洋，巴伦西亚的灌溉田郁郁葱葱，广阔无边，所有的景物都是充满生机、令人向往的。维瓦尔一家历尽劫难，终于苦尽甘来。

维瓦尔在巴伦西亚的统治是成功的，他将当地的大清真寺改建为基督教教堂，委托法国人哲罗姆主教来管理新教区。他以武力屡屡击退摩尔人的进攻，维护了地区的和平稳定，因此大批基督教平民闻风而来，而当地的摩尔人也享受这种和平共处的局面。巴伦西亚，成了乱世里难得的太平绿洲。

（2）

1094年，维瓦尔名义上，奉阿方索六世命令统治巴伦西亚，事实上他是独立的封君，完全控制巴伦西亚，所以有人认为这里是基督教的殖民地。

维瓦尔的家庭也是幸福长情的，妻子希梅娜一直是他的忠实伴侣。他们的女儿也出落得亭亭玉立，是诸国王子求婚的对象。最终，长女克里斯蒂娜嫁给了阿拉贡的拉米罗亲王，后来生子加尔西亚，于1134年登上王位。次女玛丽亚嫁给了巴塞罗那伯爵贝伦格尔三世（正是被维瓦尔两擒两放的那位巴塞罗那伯爵贝伦格尔二世的侄子）。疼爱女儿的维瓦尔为他们举行了盛大的婚礼，宫殿的墙壁以精美的壁毯装饰，地面以华丽的花毯覆盖，到处都有闪闪发光的螺钿、珍贵的呢绒。新娘身穿来自东方的昂贵丝绸，显得美貌如花，让新郎喜出望外。这固然是一桩政治联姻，但不乏温馨怜爱，更巩固了维瓦尔的城主之尊和割据地位。虽然在《熙德之歌》里，两个女婿被塑造成胆小、残暴、卑鄙的小人，但现实中，却是维瓦尔的有力支持者。

（3）

维瓦尔奔波一生，侍奉了几位君主，现在终于找到了自己的安身立命之处。他已经50多岁了,他也乐意在这里当一个城主,来享受和平的日子。垂暮老矣,年少时渴望建功立业,年高时才知道,征战不过是满足了野心家的贪欲,他自己却是没有什么野心的。现在,他只需要把巴伦西亚这个王国治理好,让老百姓安居乐业就行,不是吗?毕竟这才是他当下分内的事情。然而,平安喜乐的日子没过多久,1099年7月10日,巴伦西亚的城主维瓦尔在一次战争中不幸中箭身亡,享年56岁。

(4)

故事到这里并没有完全结束。维瓦尔去世后,为了鼓舞士气,聪慧的希梅娜夫人将维瓦尔的遗体安置在马上,让骑士们跟随那马匹冲锋陷阵,摩尔人惊疑不定,以为是维瓦尔杀了过来,于是掉头就跑,溃不成军。维瓦尔的部下乘机重整队伍,打了胜仗。这事成为西班牙人津津乐道的功绩,在民间广为流传。但维瓦尔的死讯传出之后,摩尔人卷土重来,包围了巴伦西亚。希梅娜夫人只得向阿方索六世求援,国王虽派了军队去援救,但兵员有限,无力实现有效的驻防。只能组织撤退,在离开巴伦西亚时,为了不让它成为摩尔人的堡垒,遂付之一炬,希梅娜夫人含泪离去。

维瓦尔的遗体被运回卡斯蒂利亚,葬于布尔戈斯附近的圣佩德罗-德卡德尼亚修道院。希梅娜夫人去世之后，也葬于此处。如今，圣佩德罗-德卡德尼亚修道院已经成为西班牙的一个圣地，是人们缅怀和瞻仰英雄骑士的中心。而维瓦尔与希梅娜的子孙都很有成就。1140年，维瓦尔的大外孙、阿拉贡国王加尔西亚与卡斯蒂利亚国王阿方索七世之间即将爆发战争，千钧一发之际，维瓦尔的曾外孙女、阿拉贡公主布朗卡与阿方索七世的继承人桑乔缔结了婚姻，从而避免了战争。1151年，他们生阿方索八世，这是维瓦尔后裔中的第一个卡斯蒂利亚国王，再后来，阿方索八世的女儿们通过联姻，又把维瓦尔的血统带到了葡萄牙和阿拉贡皇室。维瓦尔，是西班牙与葡萄牙皇室的祖先。

维瓦尔虽然逝去了，但他的故事被改编成行吟诗歌，在西班牙大地上传唱；被改编成歌剧，在舞台上表演，动人心魄；被人们世代讲述，终于成了一个永不磨灭的骑士传奇。

《熙德之歌》剧照

别具一格的文学家——塞万提斯

米格尔·德·塞万提斯·萨维德拉（西班牙语：Miguel de Cervantes Saavedra，1547—1616），西班牙小说家、剧作家、诗人。出生于马德里附近的埃纳雷斯堡一个贫困家庭，因为生活艰难，塞万提斯和他的7个兄弟姊妹跟随父亲东奔西走，直到1566年才定居马德里。颠沛流离的童年生活，使他仅受过中学教育。但喜爱文学，阅读了大量文艺复兴时期的作品。他被誉为西班牙文学界最伟大的作家。其作品《堂·吉诃德》达到了西班牙古典艺术的高峰，标志着欧洲近代现实主义小说创作进入了一个新的阶段。评论家们称他的小说《堂·吉诃德》

是文学史上的第一部现代小说，同时也是世界文学的瑰宝之一。塞万提斯对于世界文学的影响巨大，甚至连西班牙语都因此被称为"塞万提斯的语言"。

他是一位倒霉透顶的天才。他没有丰厚的家财供他挥霍享乐，也没有体验过艺术家应有的浪漫生活。他是一个单纯的人，对自己的国家极度热爱的

米格尔·德·塞万提斯·萨维德拉

人。他有大半生都是在想着能为这美丽的西班牙做些什么，尽管力量微弱，但也想一尽绵薄之力。他奋勇杀敌，在战场上失去了一只胳膊，他并不失落，反倒觉得光荣，这是他爱国的象征。他多次被诬陷遭逮捕入狱，投告无门，带着愤怒和委屈转身投入写作。在文学上，这是一位天才，他不需要什么人来刻意教导，就能用文字组成宏大的篇章。他命运多舛地度过前半生，后半生却在纸上嘲笑自己的人生阅历。他写下大量的文学作品，以至整个19世纪的现实小说都被他这位"教师"所影响。

1. 血与火的军旅生涯

（1）

在欧洲文艺复兴时期，出现了许多宗师级的画家、作家。16世纪中叶，文艺复兴风潮正盛，一位后来攀上西班牙文学顶峰的大人物出生了。没有什么七彩祥云，也没有什么电闪雷鸣，在极为普通的1547年9月29日，米格尔·德·塞万提斯·萨维德拉出生了。

塞万提斯出生于一个贫困之家，祖父是破落贵族，当过律师，父亲是一个潦倒终身的外科医生。因为生活艰难，塞万提斯和他的7兄弟姊妹跟随父亲东奔西走。在他3岁的时候，全家上下就进行了一次大搬家。他们所到的巴利阿多利德是一个普普通通的城市，但是塞万提斯一家在这个不起眼的地方住了10年之久。小塞万提斯看起来文文静静、瘦瘦弱弱，没有半分西班牙男人的勇猛好斗精神。小塞万提斯一生下来就没怎么哭闹过，他最喜欢的就是安安静静地盯着一个地方驻足很久。有人笑他总是发呆，但是细看之下，他看花草、树木、鸟虫的目光都是如此柔和专注。他是爱幻想的，不过应该没有不爱幻想的小孩子吧？问题是，我们的诗人到了青春年少时期，还是整日沉迷在自己的世界里，不爱玩乐，不爱交友，也不像别的小伙子一样去追求姑娘们。

本来日子就这样平平淡淡地过去，但有一天，小塞万提斯遇见了略显发福的神父先生胡安·洛佩斯·德契约斯。神父先生称呼他为"我的小诗人"，小塞万提斯眨了眨眼，抿着嘴羞涩地笑了笑。其实，他想说他不小了，只是身材瘦弱，又长了一张稚气未脱的脸庞，竟让人一时猜不透他的年龄。胡安·洛佩斯·德契约斯是一位人文主义者，但小塞万提斯对人文主义并无了解，他只知道神父先生学识渊博，有很好的脾性，还在西班牙首都马德里开设了一所学校。这次见面改变了塞万提斯的人生，他决定跟随神父先生去马德里学习。

在马德里的3年里，塞万提斯并不常出去走动，他终日所活动的范围也就是那一片早就熟悉不过的学校和街道。塞万提斯看着大自然的美好和奇妙，总想用什么东西描绘出来。这安静的孩子除了爱发呆，就是爱读书。塞万提斯从小到大都保持了一种兴趣，就是没有他不喜欢的书。他还对一些美好的事物，写下一两行的赞美诗，由心而发，随手而写。

神父发现塞万提斯总是喜欢一个人带一个本子走到偏僻的角落写写画画，脸上时常露出神秘的微笑。在一个阳光不耀眼夺目，但温暖和煦的下午，神父的好奇心驱使着他，偷偷跟在塞万提斯的身后，他想看看这个少年都在写些什么。

"你在写些什么?"背后突然出现的声音虽然温和,但还是吓了塞万提斯一跳,险些把自己手里的笔丢出去。"是神父先生啊。"看清来人后,本来捂着本子的手稍稍放松了一些。他对于自己的写作,既有些自卑,又希望得到神父先生的指导。神父不仅注意到了塞万提斯先紧后松的手,也注意到他慌乱中隐隐透着期待的表情。"我能看看吗?"他微微一笑。

"当……当然。"塞万提斯充满期待地把本子递了过去,紧张得有些不知所措,挠了挠头。

"这是你写的吗?哦,我的小诗人!你可真厉害!"神父为这个年轻人的才华所震惊。不过是一个外表平凡的少年,还没有经历人生的起落,也没有走过异国他乡,但是诗歌里却透露出对人生的豁达,对思想的执著。这是一个有才华的少年,甚至算得上是个天才。

在神父的鼓励和指导下,1569年,塞万提斯发表了几首诗歌。但不久,在他23岁那年,他却投身军旅。

(2)

在得知塞万提斯参军的消息时,他昔日的老师、同学以及神父都很震惊。这个文静的孩子为什么要去参军呢?军旅生活其实就是日复一日的操练,对他这样一个浪漫温厚的人来说,是多么的枯燥乏味啊!而且那时,地中海地区战云密布,奥斯曼帝国海军从海上气势汹汹来袭,战争一触即发。而欧洲的基督教国家,例如西班牙,一接到消息,就迅速联合在一起,对奥斯曼帝国宣战。

西班牙全国上下,到处都在征兵,预备作战。马德里作为西班牙的首都,更是山雨欲来风满楼。塞万提斯几乎在听到消息的那时,就去报名参军。他虔诚的信仰,不允许有人侮辱,他挚爱的国家,哪怕是一寸的土地,都不能被人夺去。虽然他个人的能力是那么微薄,但他会拼尽全力去保家卫国。然而上了战场后,塞万提斯却是跟着教会,作为胡里奥·阿夸比瓦枢机主教的侍从出行罗马。这并不能算是真正的军人,他没有办法像其他正常士兵一样,在战争的前线跟侵略者进行热血的厮杀,只能在后方为部队补给供养。塞万提斯每天过得都很憋屈,虽然他是文静的,但是西班牙人天生容易沸腾的热血不断在他的血管里搅动。

终于,在一个上午,他鼓起勇气站在了胡里奥·阿夸比瓦枢机的门前。他已经考虑了许久,虽然主教对他真的很好,但这里的安逸并不适合他,他渴望上战场。等了一早上的门终于打开了,胡里奥枢机看见侍从一脸凝重地站在门口,很明显是有事情。

"主教,我想去战场。"塞万提斯从小话就不多,尤其没有什么废话。

"好。"胡里奥枢机也很干脆地答应了。枢机很了解这位素有才气的侍从,表面上看是一个文人,但骨子里却富有西班牙人的热血。塞万提斯平时少言寡语,但是他决定了的事情就一定会坚持到底。

一年后不肯安于现状的性格又驱使他参加了西班牙驻意大利的军队,准备对抗来犯的土耳其人。来到步兵团报到时,塞万提斯是如此激动和亢奋。这里是一个谁都不知道能不能活得到明天的地方,老兵眼神冷漠而又残酷,新兵单纯而又饱含激情。塞万提斯彻夜难眠,不知道未来等待自己的是什么命运,但他绝对不会后悔为国捐躯,为信仰而献身。

(3)

战场远比自己所想要的残酷野蛮。当他第一次看到满地的残肢,忍不住作呕。然而,情势危急,奥斯曼海军整顿过后,就要发起猛烈的进攻了。这就是后来闻名于世的勒潘多大海战,勒潘多海战是中世纪最伟大的一次单层桨座的快船大会战,以欧洲基督教国家联合舰队对阵奥斯曼土耳其海军舰队。联合舰队指挥官是西班牙国王菲力普二世的弟弟、奥地利总督胡安,奥斯曼土耳其海军指挥官是阿里·巴沙。这场大海战是一个海上大屠场,联合舰队以死伤1.5万人的代价,获得全胜,击毙土耳其军3万人,俘8000人。

此是后话，对于初上战场的塞万提斯来说，后果是难以预料的。他跟随联军队伍，登上了战舰。在年轻气盛、智勇过人的胡安指挥下，很快，联军战舰完成了战前编组，数百艘船呈半圆形布满勒潘多湾，将土耳其舰队封锁在湾内，在远处看起来，气势庞大。而奥斯曼舰队则排列成巨大的新月形，两尖头的月牙顶住海湾两岸。塞万提斯皱起了他清秀的眉头，他并不惧怕，这是神圣的战争。他深信，上帝一定会保佑联军获得最终的胜利。

10月7日上午，海上作战开始了，这远远比陆上作战来得更激烈，除了前进，双方均无路可退。战舰混战在一起，遍布海域，火枪齐射，震耳欲聋，炮火轰天，浓烟蔽日。奥斯曼士兵迅速将火箭抛到联合舰队的舰船上，燃起大火。联合舰队士兵则投掷牛油、羊油，使奥斯曼军舰甲板打滑，士兵站立不稳，从而减弱战斗力。

"船长！我们要撞上去了！"塞万提斯高呼。

"给我撞！不撞你怎么上去？！"越来越多的战舰撞在了一起，然后就是激烈的肉搏。双方士兵都登舰展开肉搏战，越打越惨烈，蓝色的海面变成红色，飘满了木板、断桨、大量的死尸，落水的伤兵高声惨呼，但无人有暇援救，反而引来双方互射。炽热咸湿的空气充满了弹药和血腥气味，令人作呕。

"啊……"杀红了眼的塞万提斯率领12名勇敢的枪手冲上了敌舰，突然，他身子一震，虎口处因为受到激烈撞击而迸裂开了，鲜血直流。当船舰又一次碰撞时，他身中两枪，重重地撞到船板上，眼睁睁看着沉重的木板砸向自己的身体……

大概只有经历过这场战役的人，才知道这举世闻名的勒潘多战役是多么悲壮惨烈，它打败了奥斯曼帝国海军，结束了奥斯曼军队对欧洲联军的打压之势。勒潘多大捷的喜讯迅速传遍欧洲，基督教徒们欢喜若狂，罗马教皇还决定，把这胜利日作为永久性的节日来祝贺和纪念。但这是伟大的历史，渺小的塞万提斯像其他许许多多的伤患一样，被送进军队医院治疗，但那个时代的医院只有简单的设备和几个医术不高明的医生。塞万提斯胸口的枪伤是自愈的，那条被木板击碎的左臂，一天天腐烂下去，医生却毫无办法，最后只得截肢。故而，塞万提斯后来被称为"勒潘多的独手人"。

虽然失去了一条手臂，但是战争并没有给塞万提斯留下心理阴影。战争还在继续，1572年，洛佩·德菲格罗亚兵团加入了一个不起眼的年轻人，他的左手虽残废了，但眼神刚毅，勇气惊人。此时，在海战中一败涂地但野心不死的奥斯曼军队继续骚扰地中海沿岸地区。塞万提斯跟着洛佩·德菲格罗亚军团，辗转各地作战,在西班牙的沿海打过仗,也在希腊打过仗。

2.5 年囚禁后的粉色诗歌

（1）

经过四五年战争的洗礼,战功累累的塞万提斯和弟弟决定返回西班牙,西西里总督塞萨公爵和联合舰队统帅胡安分别为他写了向西班牙国王举荐他为军官的亲笔信。但是,不幸的事情发生了。1575年9月20日,塞万提斯和弟弟罗德里格乘"太阳"号回西班牙,忽然警报大作,船遭到炮轰,他紧张地拿起刀,以为是敌袭。只是他忘记了,这茫茫人海中,有火炮能偷袭的,除了奥斯曼的军舰,还有终日打家劫舍的柏柏尔人。

塞万提斯做了一个梦,梦见雄姿英发的骑士驾高大的骏马,拔出腰间的宝剑,剑身泛着森森寒光。突然,那骑士诡异地一笑,画风变了,变成瘦弱的自己,还是刚才的装扮,却没有一点骑士的样子,身下骑的马也不是骏马,同样瘦弱无力。

"吃饭了！吃饭了！"粗犷的声音把塞万提斯从梦里惊醒了。塞万提斯一动,身下就是铁链晃动的声音。他虽然没听懂刚刚那人在喊叫些什么,但是每天这个点,门口都会出现这个人,喊这么一句话,然后送进来一碗饭。塞万提斯可爱地笑了笑,他并没有觉得受什么苦,他只觉得一切都是上帝的眷顾,血腥的战场没有夺去他的生命,粗野的海盗也没有虐待他。塞万提斯想起那一天,"太阳"号被炮火轰击,然后周围就响起狂野的喊叫声,甲板上很快就涌上了密密麻麻的海盗。他还瞅着看了看,一共有3艘海盗船,然后就被打倒在地,捆绑了起来。塞万提斯和弟弟都被俘,而且分属于两个海盗。塞万提斯的主人叫马迷,是个贪婪的家伙,他绑架军人的所求很简单,那就是巨额的赎金。由于塞万提斯随身携带了西班牙元帅胡安和西西里总督的保荐信,所以马迷把他当作一位大人物,开出了大价钱。

  在被绑架的日子里,马迷免除了塞万提斯的劳役。虽然有专人看守,但塞万提斯着实是无趣的,整日无所事事,又激发了他的创作欲望。其实,诗歌是一直伴随着他的,只是一直以来都是繁忙的军旅生活,偶尔才能在脑海里勾勒简简单单、寥寥的几笔。被俘后,海盗不要求他干什么活,他的脑子立马就空了出来,思索了大量有趣的事情,付诸笔下。这既打发了时光,也娱乐了自己。他开始写一些简短的故事,诗歌已经满足不了他的创作欲望了。即便只是故事,也尽都是些短小精湛的喜剧,读时令人开怀大笑,读后又发人深省。

  因为塞万提斯的家庭并不富裕,所以日子久了,赎金仍然没有着落。他所能想到的就是他的国家。他是昔日为国出生入死的战士,他想国家应该是愿意把他赎回去的。他满怀期待地给西班牙王室大臣写信,到后来,几乎是有些走投无路地绝望了。他并不想在这里度过余生,他不断地向大臣写信求助,均如泥牛入海,杳无音讯。中间,他的父母好不容易凑到一笔钱,但是海盗头子认为塞万提斯准能卖个好价钱,于是拒绝放人。塞万提斯只好让弟弟罗德里格先回家照顾年迈的父母,他自己继续在阿尔及尔等待救援。

在被俘的 5 年中,塞万提斯组织了多次逃跑,由于种种原因都失败了。但他的勇猛无畏让海盗头子马迷吃够了苦头,于是把他转卖给阿尔及尔总督哈桑。塞万提斯继续组织越狱,每次行动失败,他都主动承担责任,他那大无畏的精神竟然吓到了哈桑——居然不敢对他用刑。哈桑认定塞万提斯是一个了不起的大人物,甚至说道:"只要把这个残废的西班牙俘虏看管好,阿尔及尔的安全就无忧了。"塞万提斯被看管得越严密,就越想逃回祖国西班牙。那时,西班牙国王菲力普忙着侵略葡萄牙,根本不会顾及在阿尔及尔的俘虏们的命运。塞万提斯的父母省吃俭用,终于凑出了一大笔赎金,交给专门到阿尔及尔赎买奴隶的圣三一修道院修士胡安吉尔神父。然而,赎金还是不够,胡安吉尔神父只好向那些素来钦佩塞万提斯为人的当地商人们借了一笔钱,才凑够了赎金。

1580年9月19日,塞万提斯终于被好心的胡安吉尔神父赎身回来,但是他在阿尔及尔的5年被囚生涯在他的生活里留下了难以磨灭的痕迹,这也深刻地体现在了他的作品中。有研究塞万提斯的学者认为,从重获自由后所写的第一批作品,比如戏剧《阿尔及尔生涯》和小说《伽拉泰亚》,到塞万提斯去世后才得以面世的《贝尔西雷斯和西希斯蒙达历险记》,无不体现了5年囚禁生活的惨痛。

(2)

再次站到西班牙的土地上,塞万提斯深深地吸了一口新鲜的空气。"我回来了,祖国。"然而,他的家庭在这几年为了筹措赎金,已经陷入赤贫,而塞万提斯的伯乐、联合舰队原指挥胡安已经去世,勒潘多海战的胜利光环早已被人们遗忘,塞万提斯失去了应有的待遇。他只好重新回到军队服役,但是左手的残废让他失去晋升的机会,眼看着日子只能这么混过去了。好在,上帝在他最困顿的时候,为他送来了一位贴心的伴侣。

当塞万提斯第一次看到这个天真活泼、美丽俏皮的姑娘,卡塔利娜·德帕拉西奥斯·萨拉萨尔的时候,他并没有多想。他以为这会是个好朋友、好妹妹,却不想这也是位好妻子。他已经34岁了,而她只有19岁;他文弱单瘦且左手残疾,而她娇俏玲珑;他贫穷如洗,而她家境富裕。他能看到小姐眼中对心目中骑士的崇拜,心里却在打着退堂鼓。这件事遭到女方家里的强烈反对,但卡塔利娜·德帕拉西奥斯·萨拉萨尔却是一位有主意的女孩儿。1584年,塞万提斯同这位西班牙姑娘结婚了,还收到了一份比较丰厚的嫁妆、一块包括橄榄园和葡萄园的田产、一些家禽和生活用品。这让新婚夫妇在小日子开始的时候,可以安心生活。

塞万提斯没有放弃对诗歌的创作,他爱写诗算是爱到骨子里了。只是他的诗作不再单调,慢慢地粉红色了起来。他的夫人是那么活泼可爱,年轻貌美,而诗人又都多是温柔多情的。终其一生,他只有这一位夫人。

塞万提斯开始写文卖钱,他爱这个没有固定规范的工作,只是那时的他并没有被人看好,稿费低廉到不能再低。幸好卡塔利娜还算富裕的嫁妆让塞万提斯能心安理得地待在小房间里终日创作。也许是时间的充裕,也许是稿费的驱动,塞万提斯在这段时间里的作品是高产的。1585年,他出版了小说《伽拉泰亚》第一卷。这是塞万提斯的第一部小说,田园牧歌体风格使其成为文艺复兴文学的一部分。小说的主人公是一群理想化了的放牧人,聚在一起诉说他们的不幸,并表达了对自然田园的感情,但这部小说问世后并未引起文坛的注意。

塞万提斯是个经历丰富的人,他既是参加过多次海战的独臂士兵,又是被海盗绑架过5年的俘虏。古语云:"读万卷书,行万里路。"作家能写出好的作品,要有一定的文学知识,这是靠"万卷书"来实现的,但是要有深湛的精髓思想,却是靠丰富的人生阅历去积累。作家本身对生活幸或不幸、喜乐或忧伤的感悟,都由此而得以阐发。所以,《伽拉泰亚》问世不久,《阿尔及尔生涯》紧随其后发表。

塞万提斯这个人虽然从战场上走了下来,但是他的作品却从来没离开过战场。戏剧《努曼西亚》的诞生也充分地说明了这一点。这部戏剧讲述,罗马将军率兵入侵西班牙,一路势如破竹,但在仅有3000个居民的努曼西亚城下却遇到强大的阻力。罗马人自恃兵强马壮,英勇无敌,以为不费吹灰之力即可将小小的努曼西亚城攻下。然而事与愿违,罗马军队受到了努曼西亚人的顽强抵抗,久攻不克。罗马军队对这座城市实行了强大的攻势,努曼西亚人民死不受辱,抵抗至最后一人。罗马将军最终攻下的努曼西亚已是一座死城:尸体遍地,血流成河。而持有城池钥匙的努曼西亚青年面对如狼似虎的罗马官兵,大义凛然地跳下城楼,英勇就义,宁死也不投降。在某种程度上说,这个青年身上有塞万提斯自己的影子。

3. 在拮据中求清白

（1）

塞万提斯在疯狂地写作，但是稿费收入微薄，维生尚不够，但能给他带来一些名气。在创作期间，塞万提斯认识了马德里剧院的经理和演员，他们惊叹于他的才华，同意采纳他写的新剧本。于是，塞万提斯又写起了剧本，并卖了几个剧本，他才渡过了生活的危机。在他早期的剧本中，还能看出其文本较为粗糙。

但是，微薄的稿酬无法支撑这个家，更无法给妻子提供她原本过得宽裕的小康生活。夫妻之间的矛盾越来越大。昔日幻想的在战场上为国家奋勇厮杀的英雄，带着霸道与骄傲；英俊的骑士又是彬彬有礼的绅士，还能挥笔写下短小精悍的故事。但时光流逝，爱情的新鲜滋味过去，就是生活残酷的现实。当塞万提斯整日伏案创作的时候，卡塔利娜却对他所努力写的东西并没有什么兴趣。她只知道，他花上大把的时间大把的精力，换回来的是连面包都吃不起的窘迫。争吵开始在他们的家里蔓延，清晨的阳光再也没有让两个人觉得温暖灿烂，有的只是睁开双眼又是枯燥无味、窘迫拮据的一天。

塞万提斯忽然想回到战场上去了。镜子里的他眼袋下垂，脸色苍白，还有就是那绵软无力毫无作用的左手。他不痛恨命运，那是愚人才会做的事情。他也不会自哀自怜，依靠妻子的生活并不是他所希望的，于是他不顾妻子的阻拦，决定回到马德里，一心一意地从事文学写作。此后的20多年里，塞万提斯和两个姐姐生活在一起，依靠微博的稿酬艰难地度日。那个时候，西班牙戏剧繁荣起来，上至贵族们，下至小市民，都喜爱看戏。戏院的经营也十分灵活，一个戏剧上映后，如果卖座就加演，如果被喝倒彩，就马上换新的。普通的观众们可以随意评价，甚至看到不满意处可以扔东西上台。于是，剧院经理必须花大力气去找好的剧本，塞万提斯是个快手，能够很快就写出十几个剧本，但是品种多了，报酬自然就不会高。这种情况也就逼着塞万提斯不停地写，从某种程度上说，正好锻炼了他的文笔。塞万提斯的《努曼西亚》就非常受欢迎，甚至在1808年拿破仑围攻萨拉戈萨城，以及1936年马德里保卫战的时候，这个剧在战火中都在上演，可见其魅力之大。

　　塞万提斯并不满足于这种小剧本的创作，在写了30多个剧本之后，毅然停笔，离开了马德里。他觉得应该找一份正经的工作，半残的他即使上不了战场，也可以做一个后方的工作者。负责军需品的采购，是一个不错的职业。1587年元旦,他来到了西班牙最大的港口城市塞维利亚,投奔几位在军队的朋友。在他们的斡旋帮助下,谋到了一个军需官的职位。

"无敌舰队的军需官。"塞万提斯初听到这个职位的时候,脸上的表情任谁都看得出来是一脸向往。负责无敌舰队的物资采办,他心里觉得自己是幸运的。1587年,塞万提斯从皇家那里领了新职位,主要职责就是采购西班牙无敌舰队和西班牙陆军的军需品。塞万提斯对自己的工作兢兢业业、满怀期待,他觉得自己还能为国家尽一些微薄之力。只是这工作远没有他想象的那么简单。毫无疑问,这是一个肥缺,谁都想在采购的环节多捞一些。但塞万提斯是不忍心的,不忍心压榨穷人,又痛恨坐拥万贯却吝啬得一毛不拔的富人。当然这些都不是最难受的,最令他难以忍受的是认真工作、尽职努力的他却总是被人排挤诬陷。他不去贪污敛财,也爱惜人民,他同情交不起粮税的人,但是他自己的生活也好不到哪里去。贫穷不能激发塞万提斯的愤怒,同流合污的要求才是对他的侮辱。

一天,塞万提斯没有去忙碌,而是在码头上发呆。他觉得小腿站得有些酸痛,风很大,吹乱了塞万提斯的枯发,他也好几天没有修理胡子了。仔细看,大大的眼袋,眼里面布满红血丝,一睁眼就对着风口流泪。

"唉……"他重重地叹了口气,这样子的工作并不能上报国家,下护百姓。塞万提斯摩挲着衣服上的补丁,自嘲地笑了笑,一个贪污的人会穿着补丁的衣服吗?精神上的重负让他甚至难以呼吸,城市是美好的,人民是勤朴的,天是蔚蓝的,云是洁白的,但是人心的险恶让他觉得污秽不堪。

(2)

尊贵的国王:

我是您忠诚的军需官塞万提斯。塞维利亚是一个极其美丽的城市,我在这里过得十分安逸。只是我喜欢比较激烈一些的生活,活得多姿多彩,才能令我保持为国效力的雄心。我也是一个不太喜欢热闹的人,塞维利亚对于我来说,实在是有些不太合适。西印度群岛是一个安静的地方,我想那里虽然不是十分美丽,但正适合我去那里为您效劳。我想请求,能否在那里任职?

一个小小的军需官 塞万提斯

塞万提斯并不是第一次给西班牙国王写信,在他当俘虏的那5年,他给西班牙王室的信从未间断。虽然他的信没有一次得到回复,但他每次都对国家抱着极大的信心和期望。这次,塞万提斯委托朋友把信转呈国王,他又陷入了紧张的等待中。像以前那许多封没有得到回复的信件一样,一天,两天,半个月……

他依旧得不到任何答复。"那么多次了，塞万提斯，你为什么还要这么执著呢？"作家把脸深深地埋在胸前，静默了好一会儿才又抬起来。信件既然已经寄出，只有等待；生活虽然艰难，但创作还要继续。

意外的是，塞万提斯收到了来自国王的回复。回复的时间略晚，国王拒绝了他请调西印度群岛的请求，而是把他派到乡间去征粮。这意味着塞万提斯以后面对的将是穷苦的百姓，他怎能忍心向这些贫穷而又善良的人强制征粮呢？但是国家有规定的征粮数，这令他进退两难。塞万提斯终日在各个村落里奔走征粮，孤独的他显得更憔悴了。1592年，塞万提斯看到，贫苦的农民连当年的口粮种子都被迫上交，但教堂囤积的粮食却堆满了谷仓。耿直的他按捺不住义愤，照章办事，坚持向教会征收粮食，并把抗拒交粮的教堂人员依法收监。他的行动大大地得罪了教会，他遭到诬陷，被控非法征收与账目不清而入狱，而被逐出教门的公告还贴在教堂的门口。在普遍信教的西班牙，被逐出教会的人就像老鼠过街一样，受到人们的唾弃。

塞万提斯没有屈服，他坚持反复申辩，但没有人关心他苍白无力的辩解。他的抗诉仿佛是个笑话，大家听听就过去了，等待他的是法院的判决。最终，因为缺少实际的证据，被关了一段时间的塞万提斯被释放，但失去了担任的公职。此后两年间，为了谋生，他做过掮客,卖过布匹,为流浪艺人编过歌词。他一边艰难地谋生,一边到处奔走,为自己的行为辩白。1594年,加在塞万提斯身上的不公正的处罚,终于被撤销。

(3)

1594年,塞万提斯回到了西班牙繁华的首都马德里,他人生梦想的起点。虽然塞万提斯有"前科",但还是有人赏识他的才华,相信他的人品。所以他出狱不久,就又得到了一份工作,做格拉那达的税吏,去收齐地方上积欠的税款,这桩营生是典型的吃力不讨好。但塞万提斯为了糊口,也就硬着头皮上了。

税吏的工作的确不好做,塞万提斯在一个偏僻小镇阿加马西亚收粮时,得罪了当地豪绅,被扣押在一个昏暗不见天日的地窖里。塞万提斯呼告无门,只得偷偷求人带信给他的亲戚萨维德拉,向他求救。"我被关在这个洞穴里,度过了不知多少个漫长的日夜,已经精疲力竭。"这座监禁过塞万提斯的"梅德拉诺府"现在已经成了当地的名胜,农民们会热诚地给旅游者指点方向,还声称那位豪绅患精神病多年,留有一幅画像。画像中的人高颧骨、尖下巴、八字胡,就年龄和相貌来说,与塞万提斯笔下的堂·吉诃德十分相像。农民们津津乐道,说塞万提斯被营救出来后,发誓一定要写点什么东西,来报复这个欺负他的老恶棍。

有些人不愿对这个阿谀奉承的世界妥协,就算曾经碰壁碰得头破血流,他也绝对不会回头。尽管水流湍急,他会执拗地逆流而上,绝不随波逐流。塞万提斯就是这样的人,艰难的生活并没有改变诗人单纯的心性。他还是一样会同情穷人,一样不会对上级奴颜媚骨。在他的身上充分体现了人性的纯粹,但也正是这样,才最易招致陷害。不久,一件更不幸的事情发生了。

年底,他奉命到安达露西亚地方上征收税款,千辛万苦,终于收齐了一笔据说高达7400里耳的巨款。为了保险起见,他将公款存入银行。那时的银行业并没有今天这般严格规范。不久,这家银行破产倒闭,老板卷款潜逃。塞万提斯被勒令赔偿公款,到1597年9月,他还没有彻底缴清税款,于是被判"亏欠公款"入狱。"我说了,我没有私吞公款!"熟悉的情景再次上演。塞万提斯的申辩没有人理会,他只能在监狱里发呆。1598年,牢狱生活总算是混到了头。

出狱后,塞万提斯被革除公职,从此结束了多年的征粮收税的生涯。三次牢狱生活,长期混迹社会底层,让他对骄奢淫逸的贵族、纸醉金迷的社会极其愤慨和厌恶,对贫苦民众怀着深切的同情。身体上的憋屈和心灵的屈辱,终于在书写中找到发泄的窗口。他的《堂·吉诃德》就是在狱中开始构思的。多次的牢狱生活让塞万提斯体会到了人世的艰辛。他知道，不会有人耐心地听这样一个无权无势的可怜虫的只言片语，哪怕是一声叹息。然而，苦痛经历为他叩开了缪斯女神的大门。

4.晚年的文学辉煌

（1）

牢狱生活碎粉了塞万提斯对生活的幻想，贵族的贪腐统治又令他愤慨不已。他的笔不断挥动，写下一行行字，他写下了自己经历的挫折磨难，写下了耳闻目睹的人间惨状，写下了对贵族的蔑视讽刺。梅迪西纳公爵抵抗英军进犯无力、张皇失措，敌人退却后才大摇大摆地进城，还号称胜利，为此他写了一首《梅迪西纳公爵上任记》的十四行诗讽刺其丑态。1598年，西班牙国王去世，教会利用国王葬礼纵情铺张、大肆敛钱，他写了《在塞维利亚大教堂里·菲力普二世的灵台前》予以讽刺。他打赌说，死者见了教会为自己安排的这样盛大的排场，也宁愿放弃天国欢乐而回到人间。这首诗因其强烈的讽刺色彩深受西班牙人喜爱，甚至作为逸事载入塞维利亚市志。塞万提斯也很喜欢这首诗，说"这首诗是我作品的光荣"。

塞万提斯以笔为刃在纸上进行的一场最为酣畅淋漓的奋战，是诞生在牢狱里的伟大作品《堂·吉诃德》。《堂·吉诃德》这个故事讲述，骑士早已消失一个多世纪了，但一个乡下士绅阿隆索·吉哈诺（堂·吉诃德的原名）却沉迷于骑士小说，时常幻想自己是个中世纪骑士，他自封为"堂·吉诃德·德·拉曼恰"（德·拉曼恰地区的守护者），以一个乡下女子为自己想象中的贵夫人，又拉着邻居桑丘·潘沙做自己的仆人。两人一起"行侠仗义"、游走天下，解救苦难，做出了种种令人匪夷所思的行径，结果四处碰壁。后来，他的一位同乡冒充骑士打败了他，令他回乡隐居一年。他终于从梦幻中苏醒过来，在重病垂危之际理性回归，在立下遗嘱之后死去。文学评论家都高度评价《堂·吉诃德》，它为塞万提斯在生前就赢来了极大的声誉，也标志着他现实主义风格的成熟。

1603年，塞万提斯想为自己洗刷冤屈，他带着手稿《堂·吉诃德》的上卷来到西班牙国王宫廷所在地巴利阿多利德。伸冤的事情困难重重，毫无进展，生活仍然十分艰难。

《堂·吉诃德》中的骑士

塞万提斯搬到巴利阿多利德后，暂居在藏污纳垢的拉斯托洛街的一幢破公寓的二楼。楼下是小酒馆，昼夜都有人喝酒、划拳、打架，永不安宁；楼上是妓院，从日落到清晨，都是放荡的笑声闹声。糟糕的是，从一楼小酒馆到三楼妓院只有一道狭梯，而这梯子恰好要经过塞万提斯家门口。门里面，在他的家里，除了他自己，还有他的妻子、姊妹和他的女儿等，这些女人们整天抱怨生活的不宁。由于房舍的狭小，她们在他的书桌旁走来走去，就是在这样的情况下，他继续对《堂·吉诃德》的修改。

幸运的是，伸冤之事虽没有进展，手稿却获得了出版的机会。1604年9月，一个出版商觉得这种逗乐的"骑士文学"也许会有一些销路，于是答应出版他的新作。塞万提斯兴致勃勃地回家对家人说，可以获得1000里耳的稿酬，家人也十分兴奋。塞万提斯自己对这部新作的前景并不十分乐观，但是1605年1月《堂·吉诃德》出版后却举国轰动，一年之内再版6次。据说，西班牙国王看见一个边走路边看书的学生在狂笑，就对侍从说："我跟你打赌，这人如果不是在看塞万提斯的《堂·吉诃德》，就是个疯子。"

在塞万提斯逝世前，《堂·吉诃德》总印数达到15000册以上。这在文盲众多、知识分子很少的情况下，算得上是绝对的畅销书了。但塞万提斯依旧很穷，出版商曾付给塞万提斯450里耳，不过是赢利的小头。但《堂·吉诃德》的流行激起了保守贵族和教士的恐惧忌恨，于是，有人便化名阿维拉尼达出版《堂·吉诃德》续集，一个月内还出了3个续集。续集故事拙劣，语言低俗，纯粹就是为了侮辱塞万提斯，丑化堂·吉诃德和桑丘的形象。因为骑士文学和骑士精神是当时西班牙统治者所需要的，为的就是鼓动热血的西班牙人去建立世界霸权。塞万提斯的小说《堂·吉诃德》把批判的矛头直指封建统治和骑士文学，自然引来了肆意的诽谤。有评论家嘲讽说："塞万提斯不学无术，不过倒是个才子，他是西班牙最逗笑的作家。"

（2）

《堂·吉诃德》的备受欢迎，给了塞万提斯强大的自信，也激发了他一直以来对文学的钟爱。作家的笔越来越锋利，他开始频繁地写诗、写短剧，来痛斥这丑陋的社会。为了反击对他的嘲笑，塞万提斯抱病写作，于1615年写完了《堂·吉诃德》下卷。当年2月，下卷送交教会审查时，一个法国使团来到马德里商谈两国联姻的事情。西班牙桑多瓦大主教拜会法国使臣，席间，他们谈起了西班牙的文学，随同的一位神父便说起他正在审查《堂·吉诃德》下卷。使者们十分感兴趣，他们热络地询问作者的情况。神父便告诉他们说，这个作者当过兵，是一位又老又穷的小绅士。崇尚文学的法国人十分惊讶，西班牙政府为什么不把这样的文豪给供养起来。西班牙人有些尴尬，于是有人就狡诈地回答说："既然他写作是为了谋生，那么就祈求上帝让他永远也富不起来吧。只有这样，他才可以写出好作品，使全世界都富起来！"

好在《堂·吉诃德》广受欢迎，欧洲的几个国家争相翻译。只是这部作品虽然获得了广泛出版，但在当时却不被文学界所承认。许多文学巨匠抨击塞万提斯，说他所写的东西不过是一堆毫无价值、不值得看的东西。这些人是如此抹黑抨击塞万提斯的作品，"这种毫无价值的东西，去看的话简直就是侮辱了我的眼睛，更是在浪费我宝贵的时间"，被誉为西班牙"天才中的凤凰"的洛贝·德·维加如此评价。他对塞万提斯的作品丝毫提不起兴趣，更是不屑于去读，他觉得《堂·吉诃德》语言粗俗不堪，但与其相反，《堂·吉诃德》赢得了大众的广泛喜爱，火爆得一塌糊涂。

就在塞万提斯忙于写作的时候，命运给这个不幸的人再加一道难关。因为，他住在一个鱼龙混杂的街区里，打架斗殴是再常见不过的事情了。他出于善意，搭救了一个因争风吃醋而受伤的贵族青年，不幸的是，这人因伤势太重，死在塞万提斯家里。因此，塞万提斯被控涉嫌杀人而入狱。这次，连他的妻子、姐妹、女儿、外甥女都一起蹲了监狱。虽然这次的牢狱之灾只有几天,他们就都被无罪释放了,但对历经劫难、年老体弱的塞万提斯来说,不啻更大的打击。

塞万提斯的心灵再次陷入苦闷,理想与现实的矛盾在他的一生中体现得淋漓尽致。他无法解释清楚自己的困境,只能在大量的写作中不断寻求答案,1613年的

米格尔·德·塞万提斯·萨维德拉画像

《惩恶扬善故事集》,1614年的《帕尔纳索游记》,塞万提斯以惊人的创作速度造就了一个又一个经典。1615年,他将早期创作的剧本整理,以《八出喜剧和八出幕间短剧》为题结集出版。这些小剧本题材广泛,情节生动,人物活泼,对白风趣,辛辣地讽刺了当时的一些丑恶社会现象、买卖式的封建婚姻制度、腐败黑暗的司法体系,以及故作高贵睿智的统治者。

1616年,塞万提斯患上严重的水肿。他知道自己的时间不多了,但是他不能在床上躺太久,因为他怀着希望,还想继续活下去,活在自己的文字中也可以。他热爱生命,也热爱创作。夜晚,除了星月相伴,还

有长明的烛火。塞万提斯忍着身体的不适，皱着眉头，手下的笔却没有半分放慢的意思，相反，写作的速度好像越来越快。因为他决定要写一篇新作《佩西莱斯和塞西斯蒙达》，但是他实在担心自己无法完成。其实，《佩西莱斯和塞西斯蒙达》的写作并没有用掉塞万提斯太久的时间。他前半生经历坎坷却丰富异常，又笔耕不辍，所以晚年的创造可算是得心应手、行云流水。再加上塞万提斯很清楚身体的状况，有意加快了速度。4月的时候，塞万提斯身上的水肿已到晚期。他整夜疼得睡不着觉，尽管这样，也没有阻挡他创作的步伐。去世前几天，塞万提斯强忍着身体的不适，坚持写完了《向莱穆斯伯爵献辞》。在这篇献辞中，他还不改幽默地说："我爱酒如命，舍不得放弃喝酒的乐趣。反正我的日子快完了，最晚不过下星期天，我就要销掉一辈子的账了。"

1616年4月23日，一代文豪塞万提斯在马德里病逝，被草草葬于马德里蛙鸣街的一间修道院内。他生前并无荣耀，死后也少有哀悼。他的好友胡安·德·乌尔维纳写道："行人，旅行者，塞万提斯葬在这里；泥土盖没了他的肉体，没有盖没他的名字。他走完了他的路，但是他的名声没有死去，他的作品也没有死去。"17世纪末，那间修道院翻新，他的遗骨被挖出而散失，下落不明。

(3)

1835年,在塞万提斯去世200多年后,迟到的荣誉终于来到了。西班牙当局在马德里为塞万提斯修建了一座纪念碑,碑下矗立着堂·吉诃德和他的侍从桑丘的铜像。

1975年西班牙政府设立"塞万提斯文学奖",来纪念这位生前寥落、死后驰名的伟大作家。旨在表彰所有通过自己的文学作品为西语文学的丰富和延续做出杰出贡献的西语作家,被认为是西班牙语世界最高的文学荣誉。每年12月评出年度得主,次年4月23日(塞万提斯逝世的纪念日)在塞万提斯故乡的阿卡拉大学(Universidad de Alcalá)由西班牙国王亲自颁授。

2015年,塞万提斯的遗骨下落终于有了比较明确的线索。在马德里圣三一修道院的地窖中,一个由考古学家及法医组成的调查研究小组在这个修道院里辛勤工作数月,对在地底发现的至少十五具尸体进行了对比研究,最后才鉴定了塞万提斯的骸骨。在一口残破的棺材碎片上,镌刻有MC两个字母,研究人员打开棺材后,取出了一根肋骨,还有残废的左臂骸骨,由此确认了这具尸体的身份。司法鉴定专家弗朗西斯科·埃克特布里亚激动地说:"当我看到那根肋骨时,我心想,终于找到(他)了!"世所周知,塞万提斯在勒般多战役中左臂被击伤而残废，而胸前曾中过两枪。

　　埋藏塞万提斯遗骨的马德里圣三一修道院，正是塞万提斯的救命恩人胡安吉尔神父修炼的地点。而在阿尔及尔度过的五年囚徒生涯，在塞万提斯的人生以及小说里，留下了难以泯灭的伤痕，他的写作无不带着那段时光的印迹，这也许就是他最终选择圣三一修道院作为自己埋骨之所的原因吧。

艺术界的画坛巨星——毕加索

巴勃罗·鲁伊斯·毕加索（Pablo Lois Picasso，1881—1973），西班牙画家、雕塑家，法国共产党员。是现代艺术的创始人，西方现代派绘画的主要代表。他出生在西班牙马拉加（Malaga）的一个艺术之家，从小便接受父亲的绘画训练，并有惊人的进步。1893年间，毕加索早期作品里的稚气逐渐消逝，1894年，他正式开始了自己的画家生涯。1907年他创作的《亚威农少女》是第一张被认为有立体主义倾向的作品，是一幅具有里程碑意义的著名杰作。它不仅标志着毕加索个人艺术历程中的重大转折，而且是西方现代艺术史上的一次革命性突

巴勃罗·鲁伊斯·毕加索自画像

破,引发了立体主义运动的诞生。这幅画在以后的十几年中竟使法国的立体主义绘画得到空前的发展,甚至还波及芭蕾舞、舞台设计、文学、音乐等其他领域。毕加索是20世纪现代艺术的主要代表人物之一,遗世的作品达两万多件,包括油画、素描、雕塑、拼贴、陶瓷等作品。毕加索是位多产画家,据统计,他的作品总计近37000件,包括:油画1885幅,素描7089幅,版画20000幅,平版画6121幅,等等。

浪漫、激情、多彩,冲撞着西班牙这个迷人的国家。它处于欧洲西南的伊比利亚半岛,南北连接欧洲和非洲,东西沟通地中海和大西洋。交通的便利注定了她是一个交流频繁、艺术发达的国家。1873年,西班牙历史上第一个共和国建立。8年后,拉开现代艺术帷幕的伟大画家巴勃罗·鲁伊斯·毕加索诞生了。

艺术作为人类活动的直接反映,通过艺术家的作品,可以参看那个年代的社会风潮、经济水平、人民习俗。在西班牙这个充满浪漫色彩的国度里,历史上不乏大师级的艺术家。开创立体画派，引领现代艺术发展的毕加索，就是当代西方具创造性、影响深远的艺术家之一。

1. 初露的锋芒

（1）

还没画板高的孩子站在画板面前，神色凝重，脸上出现的成熟与思考是这个年纪不该有的。年少的毕加索默默地闭上了眼睛，眉头轻蹙，在回味刚刚看过的那场精彩的斗牛表演。斗牛士的勇猛残酷，观众的呐喊激动。场内，西班牙公牛死死盯住斗牛士手中的红布，鼻子里喷出重重的愤怒的鼻息。时间也好像静止了。

毕加索拿画笔的手慢慢颤抖起来，虽颤抖，却小心翼翼，生怕惊吓到脑海中斗牛场上正在喘息的公牛，斗牛士忽然一声大喝！毕加索倏地睁开了双眼，拿起笔开始在画布上涂抹。手腕执着油画笔点缀、平涂、旋转，手法虽略显青涩，但色彩清晰明快，像跌宕起伏的交响乐。钢琴键敲下了最后一个音符，画面也收住了最后一笔。年方8岁的毕加索瘫倒在地上，画画也许还是个体力活。身体虽疲惫，但眼中散出的兴奋的光华是怎么遮都遮不住的。这是毕加索完成的第一幅油画《马背上的斗牛士》。这个天才少年开始展露出他过人的艺术天赋。

毕加索1881年10月25日出生在一个艺术家庭。父亲唐·霍塞是马拉加一位小有名气的画家。年少时的毕加索并不是一个安静的孩子，爱上蹿下跳。能绑住这孩子的腿脚、让他一坐就是几个小时的只有画画。他单纯的性子像极了母亲，而对画画的热衷却遗传自他的父亲，甚至更胜一筹。

（2）

1887年，一声婴啼，毕加索家又添了一个小公主。毕加索痴迷地看着母亲怀中可爱的妹妹孔瑟达，不禁赞叹上帝的奇妙。他转身去拿画笔，并暗暗下了决心，自己要为这个小天使画出她美丽的一生。从这一天起，在毕加索的画纸上，妹妹的身影就开始无处不在。或哭，或笑，或闹，都是可爱的天使的声影。绘画，是毕加索记录日常的一种方式，这种绘画日记的描绘法，伴随了毕加索的整个生命历程。

由于要照顾两个孩子，生活开销陡然上升，使得这个本就不富裕的家庭变得更加拮据。毕加索的父亲唐·霍塞先生只好带着妻子和两个孩子，远走他乡，在伊比利亚半岛的另一端拉科鲁尼亚暂时定居，在加尔德美术学院当起了教师。

然而，毕加索13岁的时候，不幸降临在妹妹的身上。可爱的孔瑟达得了白喉，这种急性病来势汹汹。

"上帝啊……求您！救救妹妹……求您……"毕加索趴在妹妹床前，看着妹妹脸色越来越苍白，浑身止不住地抽搐，昔日小天使的活泼模样浮现在眼前。"上帝啊……如果妹妹能好起来，我……宁愿以后不再画画……"毕加索有些绝望地祈祷。绘画是他的生命，他的灵魂……房中的气氛越来越压抑。妹妹，绘画，哪一个都是他无法割舍的，舍弃哪一个都是在撕扯他的灵魂。毕加索慢慢地站了起来，默默地摸着以往的画作，小心翼翼地抚摸它们，好像在诀别。"上帝啊……我愿将我所有的绘画天赋献给您，只求……不要带走我的妹妹。"仁慈的上帝好像耳聋了，没有听见毕加索的祈求，他所宠爱的妹妹于1895年因白喉症不治身亡。

（3）

失去了小天使，毕加索一家都很悲伤。一家人在1895年搬到了巴塞罗那，这个大城市川流不息，街道宽广但显拥挤，四处都是繁华紧张的现代气息。毕加索站在窗边深吸了一口气，一支笔将繁华的码头、精致的马车、形形色色的路人留在画纸上。遇上有趣的就多看几眼，多添几笔，浮生世界在他的笔下栩栩如生，令人流连。很顺利的,这一年毕加索进入了隆哈美术学校学习。

1896年,毕加索在巴塞罗那美术展览会上展出了他的作品。充满"沙龙"风格的一套作品《唱经班的男孩》《第一次圣餐》《科学与仁慈》诞生了。1897年,《科学与仁慈》在马德里全国美展上获得好评,又紧接着在马拉加市的全省美展上获得了金像奖。16岁的少年郎才华横溢,聪慧过人,对绘画有着旁人无法企及的天赋。

1898年,美西战争爆发。西班牙失去了在美洲和亚洲的最后殖民地。战争失利的西班牙,局势动荡。激烈的政治变动和经济萧条,摧残着西班牙人民。当时毕加索所处的巴塞罗那,是繁华的重镇,贫富差距极大,因此毕加索清楚地感受到了当时社会尖锐的矛盾和人民的痛苦不堪。年少成名的光环膨胀着毕加索的内心,社会的急剧变动也挤压着毕加索,不同的心情碰撞交织,少年的心思逐渐转入了蓝色的低谷期。

(4)

1901—1904年之间,毕加索的好友卡洛斯·卡萨吉马斯自杀了。好友之死对他又造成了一次沉重打击,这使得他这一时期的画作以蓝与蓝绿的色调为主,极少使用温暖的颜色,整个画面呈现出阴沉忧郁的感觉。

那个时候，世界经济萧条，西班牙也受到沉重打击。饥饿，绝望，像一场瘟疫，蔓延在巴塞罗那的各个角落，让社会底层的老百姓变得瘦弱无力、眼神疲倦。毕加索每日游走在街头巷尾，画出这些流离失所、孤苦无依、无法果腹的可怜人，那种真实而又巨大的冲击感让他无比震撼。尤其是那些骨瘦如柴的母亲怀抱孩子，给毕加索留下了极其深刻的印象，他以此为主题创作了许多色调阴暗的著名画作，甚至还有妓女和乞丐的画作。这个时期，毕加索还常以"失明"为题材作画，他的蚀刻作品《俭朴的一餐》就描绘了一对夫妻看不见的男人与看得见的女人，两人皆身形消瘦，坐在一张老旧桌子前。此时，毕加索生活潦倒，贫困交加，甚至不得不用别人画后废弃的锌版来创造这一世界知名的作品。

毕加索甚至连画纸都买不起了。他可以接受没有面包吃的饿肚子的生活，但没有画纸，对他来说，就是灵魂上的饥渴，血液上的抽空。毕加索看着调色板发愣，颜色几经浅调，始终都是透着淡淡的幽蓝。他突然有些好奇，好奇他现在的表情心思，飞奔到镜子面前。镜子里的人牵着嘴角也看不出半分笑意，反而带着无穷迷茫，思虑重重。于是，《蓝色自画像》诞生了。

也许是街头的落魄浪儿与毕加索发生了共鸣，也许是孤寡老人的苟且偷生震撼到了毕加索。生老病死，谁都逃不过，人生的意义何为？没有人能逃过死亡的枷锁，在生命面前，每个人都是输家。年轻的画家开始探索生命的真谛。1903年，浓郁蓝色、充满忧郁的《人生》被毕加索描绘了出来，这幅画是毕加索最忧郁的一幅作品，现藏于美国克里夫兰美术馆。

2. 粉色的玫瑰

（1）

也许是对西班牙的惨状目不忍视，也许是为法国这个浪漫的国度所吸引，1904年，23岁的毕加索独自来到了巴黎。虽然生活仍然拮据不堪，但他还是对未来的生活充满了向往。

这是蒙马特高地的"洗衣船"，"洗衣船"并不是一艘像船的建筑，而是简简单单的一个木板楼。毕加索常常腋下夹着画板，慢慢地往山腰上走，顺着白色的埃米尔·古杜广场往上走。走过一条又小又斜的窄道，也走过一路路的岔口。在这里，毕加索度过了几乎跌到低谷的忧郁蓝色时期，邂逅了红颜知己费尔南德·奥利维叶；也正是在这里，开创立体主义画派风格；更是在这里，毕加索从无名小卒纵身列入大师行列。毕加索与这个"洗衣船"缘分颇深，四次入住，四次成就。当然,这些都是后话。

年轻气盛的毕加索不是在大街上闲逛,而是在搜索自己的模特。女人特有的美丽深深地吸引着他,柔美光滑的肉体,充斥着他的眼帘。忽然,一个黑发美女闯入了他的视线,那女人转身不经意地瞥了毕加索一眼。浑圆的杏眼,灵动不失高雅,五官深邃迷离,成熟与单纯、性感与可爱并存。这就是费尔南德·奥利维叶,毕加索的第一任情人,以其无与伦比的魅力把毕加索从充满忧郁气息的蓝色格调里拉出来的救星。尽管毕加索依旧贫穷,依旧落魄,卖不出的画作仍在日渐增多,但他的画面却注入了跳动的生命力,开始大量使用鲜明乐观的橘、粉红色系。

毕加索和他的情人常常放肆地饮酒作乐,吞云吐雾。肆虐的情欲充斥着毕加索的生活,也充斥着他的画作。轻薄的衬衣包裹着年轻女性的身体,巧妙地勾勒着曼妙的身姿,名作《穿衬衣的女子》幽幽地吐露着女人的柔美,柔弱中带着娇怜。

聪颖富于想象的奥利维叶对于毕加索有着强大的吸引力,沉浸在爱情中的画家

《穿衬衣的女子》

开始大片地使用粉红色，江湖艺人逐渐代替了之前经常出现的妓女的形象。但随着毕加索的名气越来越大，他和费尔南德的矛盾越来越大，终于有一天，费尔南德和一位画家私奔了。

（2）

愈加活泼、灵动的画面，打动的不仅仅是毕加索本人，也慢慢被其他的人发现喜爱。

"毕加索先生，您好！"

"小路易啊，今天又来玩？"毕加索从调色盘里抬起了头，笑着看这半大的孩子，倔强和叛逆刚刚出现在这个年龄，毕加索有些恍惚，不禁想起自己年少时，风流肆意，有着满满的抱负和不可一世。不知怎的，忽然就收起了出门的打算。

"小路易，今天可以请你做我的模特吗？"

"我吗？那真是太好了！"

窗外的天气正好，透入室内的阳光洒落在少年初开的眉眼上，有一种朦胧的画感，毕加索想，没有比这更适合入画的了。他又想了想，还是给小路易穿上蓝色的制服，又让他拿着烟斗。他自嘲地想，这蓝色的基调也不知要到什么时候才算尽头。也许是少年不情愿穿着简单的蓝色制服当模特，也许是少年不知该摆出什么表情，也许是毕加索画出了年轻肆意的自己。

《拿烟斗的男孩》里，路易的表情透着不可一世，嫌弃蔑视，苦笑无奈。

毕加索皱眉看着这画作，总觉得少点什么，少了些……忽然，执笔的青年咧嘴笑了。红色、粉色、白色花朵融入了画面，一副花环加在了小路易的头上。也许，这才是一个少年应该有的活泼。"哈哈！"在毕加索朗朗的笑声里，《拿烟斗的男孩》完成了最后的一笔。

《拿烟斗的男孩》

1905年，毕加索与奥利维叶的关系破裂了。心灵空虚的画家进入了新的创作阶段，1906年，毕加索被野兽派的自由风格所吸引。随着他对野兽派进行深入了解，毕加索与马蒂斯相识了。马蒂斯是法国的著名画家，野兽派代表人物，将画作上自由大胆的色彩运用几乎发挥到了极致。毕加索在马蒂斯的影响下，接触到黑人雕刻艺术，那原始大胆、奔放狂野的造型给他莫大的震惊和感动。在探索这些原始艺术美感的过程中，毕加索创作出《斯坦因画像》。斯坦因，美国女作家，1902年来法居住，结交了许多年轻的现代派艺术家。她与毕加索私交极好，不断收藏他那些富有争议的作品，甚至慷慨解囊，在经济上直接支持毕加索。这幅画像略显夸张，额头五官扭曲，面部表情凝重，但神似斯坦因。这幅画像的创作标志着毕加索开始从玫瑰时期向立体主义时期过渡了。

3. 立体的毕加索

（1）

这个时期，一些慷慨的俄罗斯收藏家开始持续关注毕加索的画作。毕加索曾经感叹地说，虽然他生命中的大部分诗人和情人是法国人，但保障了他生活让他生存下来的多数人却来自其他国家，例如俄罗斯。毕加索早期画作的最大收藏地就是莫斯科。画作能够持续地卖出，这让他最头疼的面包问题就解决了。不知为何，毕加索好像并没有感到满足，反而心里越发空落。

毕加索想起了巴塞罗那的亚维农大街上的灯红酒绿，那里有形形色色的妓女，倚靠在墙边，或笑或闹。女人们的形象慢慢远去，只留下了一些印象，还有立体的图案。回归到最原始的裸女，背景依旧被他涂上了蓝色来铺垫。这是个不错的颜色，甚至每次都能让他感受到戈索尔田野上的微风。毕加索深入去感受莫奈的几何沉淀——探索是他最拿手的。然而他所爱并不在于瓶瓶罐罐,也不在于瓜果蔬菜。他爱妙龄女子的柔美、优雅、高贵的气质。拆解,破碎。五个裸体女人,都并不完整。复杂中透着单纯,单纯中深埋着思想,这是第一张有立体主义倾向的创作。毕加索的画作开始拆解,分离,再拼接成一幅新作。画作与画作的名字很难看出有什么联系。

毕加索创作出了开创法国立体画派新局面著名画作《亚维农少女》,展示给我们关于五个裸女的猜测。这幅画是典型的立体主义作品,与以往的艺术方法彻底决裂,这是毕加索对几何的探索,对立体主义的摸索。其实毕加索并不喜欢这幅画的名字,这名字不是毕加索取的,而是诗人萨尔蒙通过自己错误的猜想,成人式地把思想问题复杂化的结果。这幅画以其奇特的画风遭到来自社会各方面的嘲讽和指责,观看的人甚至感到侮辱,而对毕加索破口大骂。但这幅画在以后的十几年中,引领法国立体派绘画及其他艺术实现了神奇的飞跃,与舞蹈、文学、音乐等艺术形式都引起了超强的共鸣。

《亚维农少女》

（2）

1912年的一次艳遇，仿佛又是一场春风，吹进了毕加索的生命。毕加索回到了巴黎这个浪漫繁华的地方，他的眼光落在一名金发女郎身上。她脊背挺拔，腰肢纤细，一头浪荡的金发却扎束得很是整齐。奥尔加·艾娃，这是个迷人的女人，尽管已嫁做人妇。

一开始，毕加索紧张地邀请她做他的模特，他是爱极了这金发女郎的高雅。两人一来二去，毕加索是早有图谋，艾娃却也是逐渐地暗生情愫。美丽的人总是能让人心情变好。毕加索投入爱情的创作中，不厌其烦地以拼贴画来创作了一个又一个的"艾娃"，他还在画作上写尽了情话，即名作《J'aime Eva》（《我爱艾娃》）。与此同时，毕加索开始把涂上胶的纸张贴到画上，使得画面立体了起来，他的画风在向着"3D"效果步步逼近，开始了综合立体主义的探索。艾娃带给了毕加索安定和愉悦的感觉，毕加索总是将艾娃带在身边，甚至于1913年带着她去西班牙拜见父母。毕加索这一时期的画作大都表达了对艾娃的挚爱之情。然而这看似天作之合的感情却并没有讨得上天的喜欢。1914年，一战爆发，翌年，艾娃因患肺结核病逝，毕加索悲痛欲绝，他给斯坦因写信叙说："可怜的艾娃死了，你无法想象我有多么悲痛，她对我总是那么好，那么温柔。"再加上战争导致艺术圈的朋友们四散不能相聚，他深深地陷入苦闷之中。

（3）

1916年，毕加索受芭蕾舞导演科克托的邀请来到罗马，为芭蕾舞剧《游行》设计背景服装。他发现了一名美丽的芭蕾舞演员——欧嘉·科赫洛娃。欧嘉出身名门，气质高贵，眼神浪漫迷离，她的出现使得毕加索忘记了痛失爱侣的悲伤，进入了下一段爱情。在意大利居住的他，又痴迷上古罗马和文艺复兴时期的艺术。这些精准而又细致的绘画美不胜收，仿佛庄重得一丝不苟。毕加索的画风忽然就收起了锐利，走向沉淀，进入写实的新古典主义时期。但他是毕加索，即便倾向写实，但手法上的夸张还是像个孩子般不羁。

《J'aime Eva》（《我爱艾娃》）

1918年7月12日，毕加索与科赫洛娃在巴黎东部一所东正教教堂举行了典雅的俄式婚礼。这时的毕加索已小有名气，他的声誉成为爱慕虚荣的妻子最好的装饰品。婚礼庄重美好，婚后的生活安逸沉稳，为了照顾妻子的感受，他租下了地处巴黎上流社会第八区

《欧嘉肖像》

的一栋奢华公寓。于是，生活离放浪的艺术远了，变得细致讲究起来。爱好整洁的妻子不允许毕加索把画室开在家里，他只好在外租房安置总是散落一地的画材。妻子要求随时穿戴齐整，他只好保持一个衣架子的形象，由此他的画家朋友们开始疏远他。

婚后两年，科赫洛娃怀孕了。毕加索迎来了自己的第一个孩子，小生命的孕育给毕加索带来新的灵感。但孕期的女人通常脾气不会太好，毕加索像往常一样逃到了出租房里画画。他重重地吐出一口浊气，烦躁地皱着眉头，脑海里浮现的不再是那个高贵迷离的女子，而是暴躁易怒的主妇。在压力的催促下，他开始沉重地画些裸体女人——四肢粗壮但头部精小。手下的画笔生硬，展现了一种雕塑感，透露出超现实主义的思想。

1921年2月的一天，毕加索在房间里不停地走来走去,这时候任谁也看不出这是昔日执笔挥洒作画的大师,而是像一名因为即将升格做父亲的紧张男子。一声婴儿的啼哭后,他的大儿子保罗降生了。毕加索抱着这个小生命,心里有种说不出的神奇感觉。女人十月怀胎,生出这么一个小生命,科赫洛娃怀抱儿子开始哺乳,脸色满是安宁的神圣感,毕加索的心里也被一种满足感占据了,他开始走进宁静的心境。阳光散落的午后,毕加索为科赫洛娃母乳喂养绘画素描,嘴角不自觉地上翘微笑。儿子的出生,使得妻子的脾性温婉了很多,展露出母性的柔和。体现在毕加索笔下的直接结果就是,之前壮身配小头的怪诞女人许久没有在画面上出现了。毕加索这个时期的作品带着梦幻主义色彩,爱用粉色,他绘的科赫洛娃肖像明显被美化。

到了夏天,毕加索会带着家人离开巴黎,到外地旅游、疗养,以及户外写生。这种回归自然、探索最本质的绘画方式,是每个大师都不可或缺的。1922年,毕加索创造了《在海边奔跑的两个女人》,是蓝色的背景,灰色的石头,女人着白色的衣衫,披头散发,又是身形健硕,头部较小。也许是喜得贵子的新鲜劲头过了,毕加索与科赫洛娃的关系又趋紧张,能从这幅画里感受到画家隐隐的压抑之感。

4. 走进超现实主义

　　一妻一子的生活平淡闲适，却锁不住毕加索不羁的心。随着一战后超现实主义潮流的兴起，毕加索重拾起对立体主义的兴趣。此时的毕加索已经有了相当的知名度，更加热衷于创作思考，科赫洛娃从他那里得到的关心越来越少，他们的矛盾也越来越激化。毕加索对她失去了灵感与兴趣，她就想方设法地吵闹以得到关注，夫妻之间的矛盾越来越大。《三个舞蹈者》就在夫妻的争吵中诞生了。画面中人物形态极其扭曲，中间的裸女有着曼妙的身躯，头部高高扬起，左边的裸女面部狰狞可怕，焦灼、烦躁、愤怒，甚至是忍无可忍，满脸不耐的情绪都融入了画面。右边的舞者隐藏在阴暗中。3个人的器官位置全部乱置，长在头部边缘的眼睛，代表仰视命运；胸脯上长着的眼睛，代表窥视内心。

　　火车站总是人来人往。近年来一直为妻子的吵闹折磨而焦虑的毕加索，一双眼睛迫不及待地探索着人群中能给他带来新启发、新灵感的模特。过往的路人形形色色，却没有什么人能引起毕加索的兴趣。他提着画板，有些索然无味，然而眼神不经意的一瞥，却因此而定格。站在落地窗前的少女是多么的光彩照人啊！棕色的鬈发，娇小的脸庞，浑身上下有说不出的活力，毕加索一下子就被吸引了。

就这样，玛丽·德瑞斯成了毕加索的新模特，也是他的新灵感、新启示。温柔乖巧的少女对着这个大师级的画家有着盲目的崇拜和信仰，她总是听话而顺服的。与此相对的是，毕加索对妻子的冷漠，导致科赫洛娃变本加厉地发作，她时不时闯入画室，情绪激动的时候，甚至会撕毁毕加索的画作。于是，感觉每日都在科赫洛娃炮轰下的毕加索仿佛掬到了一捧清泉。德瑞斯是这样的干净、纯粹，是这样的乖巧温柔，毕加索觉得他又回到少年时了。科赫洛娃带来的负面情绪被他抛在脑后，他又能全身心投入创作了。

有人曾评价说，女人的多样性是毕加索灵感的源泉。婚外情是刺激的，刺激中带着梦幻的虚无缥缈。毕加索在德瑞斯的身上不断探索，他每日不停地为自己的新模特作画，画风从先前的扭曲中解脱出来，开始充满了浪漫气息。这是毕加索一生中最畅快无节制的时期，他的画作气势恢宏、色彩华丽，如梦幻般的旋律。

手中拿起的画笔，总能让毕加索完全抛弃杂念，全身心地投入创作中去。他看着年轻的情人，满头金发，肌肤雪白，有着花季少女该有的粉嫩。毕加索用艳丽的色彩去描绘，一笔一画细细涂抹。他画得极其认真，他不敢亵渎这上天所创造的美物。1932年，《红色扶

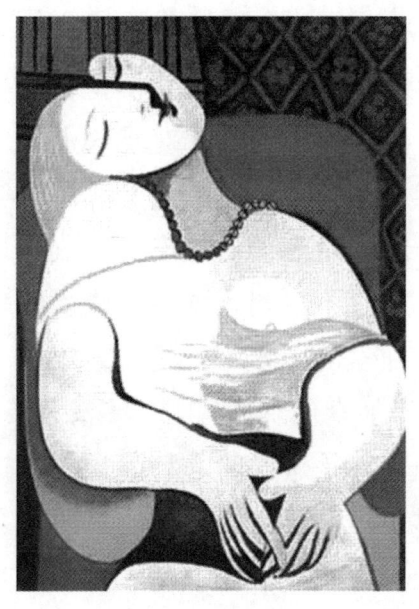

《红色扶手椅中的女人》

手椅中的女人》就这样诞生了。

有了红玫瑰的相伴,毕加索把全身心都投入绘画创作中,对于妻子的吵闹,他像是逃离一样,经常性不回家,后来索性带着德瑞斯搬到乡下的别墅中去了。由于他是西班牙人,但无法回到独裁者佛朗哥统治下的西班牙办理离婚手续,因此只能以分居的形式宣告与科赫洛娃婚姻的结束。

5. 完美结合的蜕变

(1)

1933—1934 年间,再一次回到故土西班牙,毕加索迫不及待地又去看斗牛比赛,还是熟悉的激情,还是熟悉的火热。斗牛开始融入毕加索的绘画中,可谓随处可见。想来他也是渴望做一名斗牛士的,热爱那种疯狂,那种火一般燃烧的激情。

他的作品开始大量出现以斗牛为题材的绘画。毕加索应该是激动的，他用另一种方式去表达自己的梦想，释放自己的心灵。年过半百的画家，把自己与斗牛场上耸动的公牛不断地在脑海里交织旋转。他不安地在房间里走来走去，凌乱的草稿散落了一地。"不对，不对。"毕加索看着手下绘出的草稿，又随意地扔掉。不是那种感觉，脑海中那一闪而过又总不是抓住的，到底是什么。草稿越堆越多，思绪却越来越乱，一连几天，他吃饭睡觉都是敷衍了事。

　　早晨的第一缕阳光照在毕加索的眼睛上，他揉了揉眼，静静地发了会儿呆。忽然，一个形象闪过脑海。几天的思索都不能让画家感到疲惫，他抓起衣服就往工作室跑去。牛首人身，开始加入毕加索的绘画世界，加入毕加索的创作，也加入了后来震惊世界的名画《格尔尼卡》。西班牙第二共和国内战期间，被德军空军轰炸了3个多小时的格尔尼卡几乎被夷为平地。尖叫声伴随着拥挤，轰炸声伴随着血液的溅射。有人看到炮弹从天而降，却吓得腿软，无法躲避。格尔尼卡，变成了根本是无处可躲的人间地狱。

　　毕加索愤怒了，心中充溢着对战争的愤怒，对德军残暴的愤怒。他用自己的方式表达着愤慨，既然世界博览会需要画作展示，那就用创作来追悼深受战争之害的人们。于是，《格尔尼卡》开始落笔了。战争就像魔鬼的脸，狰狞着，叫嚣着，尖锐讽刺着格尔尼卡人民的惊恐和尖叫。毕加索要画出战争中的绝望，因此残碎的肢体，手抱婴孩仰天长啸的妇人，变异的牛头和马头，浓重的窒息感从画面的每一个角落渗透出来。"牛代表残暴，马代表人民。我往日所画不见得用象征手法，但我今日所作所用就是用了象征主义。"《格尔尼卡》把立体主义、现实主义、超现实主义完美地融会在一起。

（2）

《格尔尼卡》的创作，有毕加索新情人多娜·玛尔的一份功劳。多娜·玛尔，既是摄影家、画家，又是模特，是个多才多艺、热情似火的女人。生命里充满了野性与性感。阳光的气息吸引着毕加索，他知道，这将会是他绘画路上极好的模特。玛尔是个迷人的女人，能和毕加索谈论如何在绘画里加入新的实验元素，也能谈论许多技术的、哲学的问题，她甚至与毕加索一起创作了名画，她是毕加索生命中唯一称得上红颜知己的女人。毕加索总能在她身上发现有趣的闪光点，他喜欢为玛尔画像，画过《多娜·玛尔的肖像》，也把自己的姓加在玛尔的身上《巴勃罗·毕加索·多娜·玛尔》，也有浓浓柔情在里面的《多娜·玛尔和猫》《微笑的多娜·玛尔》以及《穿蓝旗袍的多娜·玛尔》。

但天才画家的脾性总不是很好，喜新厌旧伴着他的一生。尤其是玛尔是个很有个性的女人，两人常常发生争执，毕加索对玛尔甚至大打出手，打得她倒在地上不省人事。对情人态度的转变，就是毕加索画风的转变。怪诞的《裸体梳妆女》就这么诞生了，画中的女人是毕加索创作的最凶暴的女人形象。但玛尔是爱毕加索的，爱这个男人以前对她的柔情蜜意，爱他的才华横溢。她躲在回忆里不愿出来，她无法接受曾经一起侃侃而谈的交心情人怎么变得这么冷漠无情，曾经的甜言蜜语怎么变成了粗暴的折磨？玛尔从放声大哭到小声啜泣，却无法引起毕加索的丝毫同情，反而是嘲讽哂笑，《哭泣的女人》就是两人相处后期的玛尔形象。再后来，毕加索画中的玛尔已经是呆滞无语。1943 年，毕加索抛弃了她，玛尔没能走出这段感情，最终自杀。

（3）

午后一杯咖啡能令人心旷神怡，画家的眼睛从来不会吝啬给予生活最多的视线，尤其是美丽的女人。毕加索正在喝咖啡的嘴泯了一下杯子，嘴角扬了起来。真是个优雅的少女，一头俏丽的鬈发，微微一笑是数不尽的风华。毕加索瞬间就知道，自己的春天又来了。他主动上去用他熟练的技法搭讪，他一生都活在女人的宠爱里。女画家方斯华姿·吉洛，碰见毕加索时，正值22岁，花一般的年华，青春绽放的最美时刻。吉洛和毕加索玩了三年追逐的游戏，终于同居在一起，还为他生了两个孩子。在这种简单快乐的家庭生活中，毕加索创作了大量作品来展现这种快乐。同期，他的作品也显示了对于政治的责任，1944年的《骸骨的藏室》，1947年的《为了法国而死的西班牙人》。

版画也是毕加索所爱。这是个涉猎与爱好都甚广的画家。1942年的《大自然的故事》上，巨大的蜻蜓几乎占据了一整个画面；几棵野草和树枝，零零星星的画面；两只看似潦草的鸟，一只乖巧安静地窝在鸟巢里，一只嘴里叼了虫子刚刚飞回；也有巨大的蜘蛛、蝴蝶。毕加索极尽自己户外所见所感，这是对大自然最直观的表现，纯真且美好。

1954年，吉洛离开了毕加索。她曾评价说："毕加索需要一个缪斯，一个能启发他灵感的女人，一个在他的生活里走来走去的生命。正是女人的存在，才使他找到了色彩的和谐、光影的对比，以及线条和符号等一切自然的魔力，并以此来展现身体和灵魂的联系。也正是这些联系，促使毕加索进行一次又一次的创新。"

6. 夕阳黄昏的田园

（1）

石版画，毕加索不断地探索、绘制。刻到忘情处，往往会忘记吃饭。就像五六岁的孩子，在玩沙子堆积属于他自己的城堡，他不会满足现状，总会小心翼翼地去看自己的城堡牢固不牢固、精美不精美。毕加索也一样，现有的版画已经无法满足他了。他低头走在路上思考，今天刻些什么呢？画些什么呢？昨天的绘画哪里需要修改，又有哪些不足？忽然，这位老人蹲了下来，仔细地抚摸脚下的一块石头。不知道，石刻版画会怎么样，不试试，怎么能行呢？1945年，毕加索开始着手创作石版画。这是属于一个老孩子的好奇心。

1949年，巴黎召开第一届世界保卫和平大会，大会请求毕加索画一幅海报，毕加索欣然答应。毕加索坐在工作室前，回忆自己漫长的一生。想起了童年的马尔赛德广场，广场上有数不尽的白鸽，想起了父亲画布上总是出现的白鸽，年少的记忆竟是数也数不尽的。"和平鸽"多好，圣洁纯白，优雅高贵，安安静静的，总能净化人心，能让一切浮躁不安的气氛都平静下来。毕加索脑海中过了万万遍的稿子，在草纸上又过了千千遍，下笔绘制在石头上时，已经做足了完全的准备。手执刻刀，绘刻；或轻或重，或曲或直。

一气呵成！完稿。"鸽子"石版画就这么完成了。

（2）

毕加索仍然是每日在陶艺工作室里忙活。1953年的一天，像往常一样，毕加索早早来到了玛都拉陶艺工作坊。他挽起袖子，准备在这堆泥巴里大干一场，才不辜负这一天的好时光。工作坊的门慢慢推开了，一只棕红色的高跟鞋像是试探性一样，先探了进来，随后进来的是一位优雅成熟的女人。她看见毕加索时，礼貌地笑了笑，点了点头。只一眼，毕加索就被这个优雅到极致的女人吸引住了，杰奎琳·洛克，来自西班牙东北部的卡塔卢尼亚，优雅两字仿佛是天生为她而设的。

这一年应当是沉闷的，野兽派的创始人马蒂斯死去了。毕加索有些消极，毕竟没有人能逃脱死亡的魔爪。自己认为唯一能被称作画家的人就这么消逝了，那自己呢？自己已73岁了，还有多少个年头可以创作呢？

闲适的毕加索除却与洛克安享生活之外，就是开始着手变奏系列的绘画了。他的一生都是在尝试，在探索。他爱绘画爱到了骨子里，与艺术相关的各种活动他都颇感兴趣，终其一生的探索，也不知疲倦。陶艺仿佛可以停一段落了，变奏系列开始登上画家晚年的人生舞台，并占有相当重要的地位。

"阿尔及利亚女人"变奏系列；"宫女"变奏系列；"草地上的午餐"变奏系列，林林总总，这一系列的创作长达5年之久，我们的画家永远不会闲着。只要他还在这片土地上呼吸着，他对艺术的创新探索就永远不会止息。

（3）

"嘿，伙计，想拍电影吗？"

其实毕加索并不是一个爱在镜头里出现的人。也许年纪大了，他想留下点什么。克鲁佐居然能说动毕加索，让毕加索出现在了镜头里，并为我们后人留下了大师创作的最直接过程。1956年，《神秘的毕加索》被搬上了荧幕，尽管黑白电影没有后来的色彩斑斓、立体特效，甚至连画质都不甚清晰，但是这简单的电影能带我们直观地走进大师的世界，感受大师创造时的每一个步骤，每一个微小的细节。

毕加索75岁的时候，还在纽约举办了纪念展。西班牙的斗牛在毕加索的一生中可谓影响甚大，他的画作中，除了形形色色的女人，就是斗牛题材的画作居多了。在这次的纪念展上也不例外。大师对斗牛的野性充满向往，或许是他自己本身的野性与斗牛的野性实在太过相似。斗牛士征服孤傲难驯的公牛，毕加索征服冷艳迷人的美女。

洛克也许是最懂毕加索心的女人了，为晚年的毕加索带来的内心的宁静。毕加索为她作了很多的画，并在1961年娶了她。这是毕加索的第二任妻子，也是毕加索的最后一任妻子、情人。人有时候是不能不服时间的，年老就意味着身体越来越跟不上需要。然而毕加索越上年纪，画作越是高产，仿佛是刻意地与时间较量。

再一次回到西班牙家中，毕加索已经是90岁高龄了。他爱怜地看着他少年时的画作。每一幅都认认真真去看。这些画堆了一屋子，从屋内几乎要堆到屋外去了，灰尘也是落了厚厚的一层。每一幅都仔细地擦拭，这些都是他的宝贝。回顾这一生，若非要问他爱谁，爱着什么，就只有眼前的东西了。将近2000幅的画作，毕加索下定了决心，捐给了他的故乡巴塞罗那，后来成立毕加索美术馆。1971年，毕加索90岁高龄。一个画家最好的纪念就是画展了，于是，"毕加索诞生90周年回顾展"在巴黎轰轰烈烈地举行了。

两年后，1973年4月8日，西班牙伟大的画家毕加索逝于幕瞻市，享年92岁，葬于佛文纳菊别墅的花园里。

天纵英才的建筑艺术大师——高迪

安东尼·高迪·科尔内特（Antoni Gaudi i Cornet, 1852—1926），西班牙"加泰隆现代主义"建筑家，为新艺术运动的代表性人物之一。出生于西班牙加泰罗尼亚雷乌斯的一个锅炉工家庭。安东尼·高迪以独特的建筑艺术称荣，在巴塞罗那，几乎所有最具盛名的建筑物都出自他一人之手。被称作巴塞罗那建筑史上最前卫、最疯狂的建筑艺术家。

我们走过很多的路，见过很多的城市风景，有鳞次栉比的城市高楼大厦，也有别出心裁的郊区别墅风景。只要到了西班牙，就应该去巴塞罗那看一看，那是属于安东尼·高迪·科尔内特一个

安东尼·高迪·科尔内特

人的城市。他靠自己的天才和一生的创作,撑起了巴塞罗那的建筑经典。他所建造的奇特的建筑融入了自然的气息,无论是学校、公寓、公园,还是教堂,都引领了世界自然建筑艺术的发展潮流。无论是像空中花园的古埃尔公园,还是千奇百怪的别墅和公寓,凡经他手的建筑,都被赋予了大自然的生机与活力。

　　高迪是一个穷极于艺术追求的建筑大师,他一生未娶,专注于自己的建筑事业。他的作品在当代人看来充满着艺术气息,充满着自然之美,但是在当时的西班牙社会,慧眼识珍的人却是少之又少。比如他差一点拿不到学位证,比如他的建筑设计被一次次讽刺嘲笑,再如他几乎穷极一生去建造的教堂被称作可怕的设计。他不事衣着,蓬头垢面,衣衫褴褛;他不善言辞,行为孤僻甚至怪异。但是,他却让我们知道,艺术是可以这样地没有界限,他的作品至今都没有过时,还是充满了潮流的气息。这就是伟大的新时期建筑师,也引领了现代建筑潮流的大师安东尼·高迪·科尔内特。

1. 小小艺术家

（1）

1852年6月25日，巴塞罗那附近的加泰罗尼亚小城雷乌斯，一个将生命全部献给建筑艺术的天才安东尼·高迪·科尔内特诞生了。他的父亲是一名老实巴交的锅炉工，他的祖父也是锅炉工，他们家可以算得上是工匠世家。母亲则是最普通的家庭妇女。夫妻俩都是虔诚的教徒，是那种在上帝荣光照耀下过着清贫生活的普通人。

然而，小高迪的童年并不快乐，不是父母不爱他，相反，他们把他当作命根子。小高迪的不快乐，是因为他的腿有病，没法正常地走路，更别说跑跑跳跳了。所以，当别的孩子嬉戏打闹的时候，小高迪却坐在沙地上玩。那时，西班牙国王下令全面改建巴塞罗那，富豪们纷纷斥巨资投入改建工程，沙地到处都是，这给了孩子们玩耍的场地。

小高迪抓起沙子放在手里细看，这表情不像五六岁的孩子所应有的，怎么说呢？那是一种探索真理的认真表情。他是比较沉默寡言的，尤其是有东西可以让他有所关注的时候。小高迪好奇这些沙子和土粒的区别，他认真地感受着沙子在自己手中划过的感觉。

一位老人拎着水桶，晃晃悠悠地朝家里走去，水顺着他摇晃的幅度洒出来不少。老人回头看看，显出了可惜的表情，但这并不影响一个孩子玩的心情，相反这给了小高迪更多玩的创意。他把湿沙子往上垒，脑海中并没有什么成型的形状，他只是单纯地进行一个小小的堆砌。加了水的沙子也并不牢固，他固执地一遍遍地把掉下来的沙子往上垒砌。如此反复了几个小时，当高迪的母亲出来叫他吃饭的时候，看见他还在那里认真地摆弄那些沙子。温柔的母亲亲了亲孩子的额头，轻柔地对他说着干沙子和湿沙子的区别。然后，她把小高迪抱起回家了。

第二天，高迪又有了新的创意，他用一个桶装了半桶新鲜的泥土，又倒进水。他把湿泥巴糊了一手心，做了一个并不太圆的球体，又放在沙子里滚了一圈。直到泥球被粗沙完完全全包裹，他才拿了出来。"噢！高迪！看来你今天要想吃热饭的话，就要抓紧时间去洗个澡了。"母亲忍着一脸笑意看着浑身沾满泥水的儿子，却不想儿子举起东西像献宝一样举到她的眼前。她有些不明白这是什么，一颗球？等等，粗砂是怎么搓成球的？母亲伸手摸了摸，忽然看见了那一地的湿泥巴，又看了看沾了一脸泥水的儿子，就明白了。这孩子，真是聪明。

（2）

巴塞罗那的建设如火如荼，建筑师们喜欢别出心裁，营造种种时新的建筑。他们收入好，社会地位高，因此建筑师的职业十分吃香，男孩们都想长大了做建筑师，造出伟大的建筑，以便后世扬名。

玩沙子泥巴的男孩也长大了。"妈妈，我想学建筑，以后想当建筑家。"吃饭的时候，高迪就在饭桌上宣布了他的梦想。母亲看着他笑了笑，这句话她听了不止一次了。"那你要读好书。"高迪的父亲看着他说道。高迪的学习成绩并不能说是出众，只能说是中等水平。但是知子莫若父。这孩子每天把所有的精力都用在他的宝贝纸盒和绘制建筑上了。饭桌上渐渐没有了话音。一家人心照不宣地吃着饭。"只有你有了优异的成绩，才能进很好的学校，学习到专业的建筑知识。"他的父亲又说道。这句话成功地说动了高迪。

高迪开始好好学习，成绩很快就提升了上来。他的画画一直很棒，尤其喜欢自己拿个本子画街上形形色色的房子。巴塞罗那的街道上，每日都有整修的痕迹，高迪专注地看着这些神奇的改变。形状上的千奇百怪，神态上的另类气质，高迪对此都表示出极大的兴趣。他也想自己能为这城市设计建造各色的房屋，这真的是一个伟大的职业。男孩子在当时喜欢这些东西不足为奇。毕竟，建筑师的待遇在巴塞罗那是真的很好。这意味着，如果想去高等学府受到高等教育，他就要努力，打败众多的竞争者。

《滑稽周刊》找到高迪让他画插图的时候，高迪正在草地上半躺着晒太阳。《滑稽周刊》是中学生自办的手抄杂志。高迪要画一批插图，杂志每期出12份，算是相当多的了。高迪答应了他们，这就算他最早期的作品了。高迪的插画很自然，因为他并不想画些稀奇古怪、前所未有的东西，他只想从大自然里找到灵感，年轻的他在日记中这样写道："只有疯子，才会试图去描绘世界上不存在的东西！"

（3）

高迪很感谢他的父母，在那次饭桌上，他宣布他的梦想是个建筑师之后，他的父亲就常常给他买书，给他出很多主意。他家里有5个孩子，他是老幺，但他的父亲却鼓励他去考大学，并向他推荐了巴塞罗那的大学。那天，父亲邀他出去走走，两个男人在巴塞罗那的大街上并排走着，谈笑着。

"高迪，走了一路，你看出什么了吗？"

"这街道上有些建筑很别致很有风格。"高迪老老实实地回答道。他就是在街道上看到这些本来破旧的建筑焕然一新，才对建筑职业充满了兴趣。

"我们国家的城市需要发展，尤其是我们的巴塞罗那。小伙子，你赶上好时候了。"高迪有些不明所以，父亲接着说，"巴塞罗那大学的建筑专业，应该是适合你的。"高迪终于明白了此次父亲邀他出来逛街的用意。父亲并没有说错，巴塞罗那是个有梦想有追求的地方。建筑的艺术在这里得到最充分的挥洒。巴塞罗那的人们也是有梦想的，他们努力发展工商业。他们要超越西班牙其他城市，巴塞罗那做不了西班牙的首都，就做西班牙最富裕的城市。学术，经济，文化，他们都要追求最高的地位。

1873年，高迪站在巴塞罗那大学的大门口，激动的心情是难以掩饰的。学校的建筑宏伟且壮观，极其复杂的雕花覆盖在粗壮的门柱上。高迪迫不及待地大步流星地走了进去，从一进门开始，高迪的眼睛就没有停止过转动，他赞叹着铁门的精美细致，雕花的华丽大方，学院建筑的恢宏气势体现得淋漓尽致。高迪再一次感受到了建筑的魅力，他流连忘返，一直逛到天黑。晚上，月色明亮，照在广场与学院楼相隔开的那条河里，拱桥也映出别样的颜色风格，显得特别娴雅。高迪坐在河边的长椅上休息，他有些累，但是陶醉不已。

在大学的生活，高迪除了学习书本知识外，并不常待在学校里面，倒是常常往约瑟夫·福特埃尔工作室跑，开始参与实际的建筑设计。他热爱大自然，用自己锐利的眼神仔细观察大自然,他把大自然的线条放入建筑中。他认为,如果大自然和现实建筑结合在一起,如果每天都能住在充满大自然气息的房子里,那该有多幸福啊!

"直线属于人,曲线属于上帝。"——高迪

在工作室常驻的高迪,参与了"帕克·德拉·斯坦德拉"的设计工作。当时的高迪完全想不到,这将成为巴塞罗那最伟大的建筑之一。慢慢地,高迪开始接一些设计工作,只是并没有他独立设计。例如,他为"普拉萨·兰尔"工程设计过灯柱,也为"姆罗拉·德玛"工程设计照明系统。学校生活中的实际设计经验让高迪有时间充分思考自然与建筑的融合,为日后的发展打下了很好的基础。

(4)

然而上帝总是要给那些勤奋的人设置一些障碍,入校不久,高迪就接到读医学院的大哥去世的消息,他匆匆忙忙往家里赶去。逝者已矣,他知道母亲有多爱她的长子——他的大哥。她现在一定是难过极了。高迪虽然不善言辞,不善表达自己的感情,但是对于爱他的人,他一向是回以更深沉的爱。"妈妈……"高迪声音轻轻的,床上的母亲睁开疲惫的眼睛,看见是小儿子,强撑着笑了笑。在高迪看来,这笑容十分让人心疼。他轻轻走到床前，抱抱自己的母亲，就像小时候他有风湿病，每次疼起来受不了的时候，母亲就是这么抱着他的。他能给的安慰，全都放在这个拥抱里了。

大哥逝去的悲伤还没有消退，又一个噩耗向高迪袭来。母亲大概是因为大哥的离去太过伤心，也撇下一家人去了。高迪宁愿死去的人是他自己，慈爱的母亲是给予他童年最美好时光的女人，就这么永远离开了他。他没有兴趣再去观察大自然，对大街上新奇的建筑也不再侧目。这样浑浑噩噩的日子过了好几天，饭也总不记得吃。过了很久，他才回到工作室，对大街上新奇的建筑物也慢慢地重拾兴趣。只是，同学们发现，瘦了两圈的高迪变得越来越沉默，越来越不喜欢与人打交道，每天都是行色匆匆。

可是，没过多久，老安东尼来到巴塞罗那找到高迪。刚从悲伤中平复过来的高迪，诧异地看着父亲异常消瘦甚至有些惨白的面孔，高迪起先以为是父亲还没有从母亲离去的悲伤中缓过来，毕竟父亲是那么地爱着母亲。但是当他看到可亲可爱的外甥女时，心里被一种强烈的不安充斥着。他的嘴唇开始颤抖起来，从一开始简单的颤抖到浑身都有些抽搐。他的父亲没有说一句话，什么话都没有说，就表示什么都说了。他的姐姐，想必也已去世了。强忍心痛的高迪，带着父亲去安排了住处。高迪知道，他已经长大了，父亲那么老，姐姐的女儿那么小，自己一定要坚强起来，照顾好一老一小两个家人。

2. 自然即是生活

（1）

1877年，高迪要毕业了。坦白来说，毕业并没有那么轻松。他要有很好的毕业设计，学校才能考虑是否让他毕业。高迪并不关心毕业证，他熟知巴塞罗那每一个新奇建筑的构造和思想，但是他总想有些自己的思想。自然之美溶于他的血液，也贯通他以后的作品中。他对学校的每个角落都很满意，但学校总是开会的那个大礼堂却使人很不满意，显得小不说，采光还不好。当然高迪看不到这建筑独特的外观，也看不出这里面透露出的什么内涵。高迪决定把大学的礼堂作为他的毕业设计。

"校长，您看一下这个孩子的毕业创作。"

"这种事情，你们决定就好。"

当高迪那复杂且浮夸的设计蓝图交到校长手里的时候，校长皱了皱眉头："这是什么？儿童建筑吗？"奇形怪状，色彩艳丽，校长正打算驳回的时候，忍不住多看了几眼，突然发现这设计精妙得令人赞叹，校长皱起了眉头。这好像是有些难办了。几番争执之下，校长还是决定给这个少年发放毕业证。高迪并不知道他差一点点就无法顺利地毕业。"真不知道我把毕业证发给了一位天才，还是一个疯子！"校长最后对着争吵不休的老师们说道。

1878年1月，高迪拿到了自己的毕业证书。这意味着他不再是一个学徒了，他已经获得了"建筑师"这个令人尊敬的称号。初出茅庐的高迪迫不及待地想要大施拳脚，因此当瓷砖商人麦诺·文森找到高迪的时候，高迪异常兴奋。一向不善言辞的他不断向文森问各种各样的问题，方便他更好地设计。

"文森先生是做什么的？"

"瓷砖商人，每天跟这些泥巴烧出来的东西打交道。"文森笑笑说。

"那建这房子是用来日常起居的吗？"

"不不不，只是想在炎热的夏天有一片可以避暑的地方。另外，我也想为我的瓷砖打点现成的广告。"文森急忙解释道，又顺便耸了耸肩。

问完基本的问题，高迪陷入了沉思。这是他的第一个作品，无论如何都要以最崇高的敬意去对待它。既然是避暑，那就一定要舒适凉爽。恰巧文森先生是做瓷砖生意的，瓷砖可以给人一种清凉的感觉，这是现成的建材。设计工作一旦开始，高迪就像失踪了一样，每天都不在家。但其实他走得并不远,他如果不是在设计室里,就是在公园里,他要感受造物主的神奇之处,然后再融合创新,设计出最精妙的作品。

"文森之家"是高迪在拿到毕业证那年开始设计的作品,但是一直到1883年才动工修建。在听闻是这个年轻人第一次独立设计的建筑之后,文森先生选择了无条件地支持和信任。"文森之家"从设计,到选材,再到修建完毕,都是由高迪一手操办。"文森先生有各样的瓷砖是吗?"高迪一脸含笑地问着文森。"是的,怎么了?""我想我需要大量的各色各样的瓷砖,这样你应该能够提供。""这个自然是没有问题。"

高迪采用了当时加泰罗尼亚地区最为流行的摩尔元素,创造性地在建筑内外都采用陶瓷铺面,设计出充满伊斯兰建筑风格的华丽豪宅。"文森之家"在1888年——也就是5年后——建好的时候,文森看到屋里屋外贴满了华美清凉的瓷砖,满心惊叹。这幢豪宅色彩应用大胆丰富,清新亮丽,像是童话故事里的城堡。晴朗的蓝色直面墙穿插着橘黄色的弯面墙,再配上土黄色的格栏窗,棕榈叶铸铁的大门显得光怪陆离,整栋建筑被一种不可思议的梦幻色彩覆盖着。综观整幢建筑,尽管在颜色上和材料上与当时建筑风格有着极大革新,但与他之后的作品相比较,还带着些许学院匠气。房屋造型与正常的四方建筑并无不同,只是高低横竖、错落有致、层次分明、节奏明快。也算是建筑师的别具用心之处。"文森之家"是高迪的处女作，业界对这栋建筑的评价十分高。

（2）

1878年，不但是高迪开始处女作"文森之家"设计的一年，也是他认识一生的莫逆、挚友和伯乐欧塞维奥·古埃尔的一年。古埃尔丝毫不介意高迪冷淡的性子，但他是一个如同阳光一样热情开朗的人，两个人在一起仿佛有着永远谈论不完的话题。他们像是达成了共识，尤其是高迪对于古埃尔来说，就是一个建筑天才，古埃尔相信高迪绝对会是将来的建筑大师，他会引领西班牙建筑风格走向新纪元，他会成为建筑界的标杆和里程碑。高迪的构思与想法，如果说与别人听，得到的会是冷嘲热讽，但若说与古埃尔听，就会得到热烈的响应与支持。古埃尔是工业大亨，不但有慧眼，也有财力，能够实现高迪的每个建筑梦想。两个人的合作一直很简单，高迪负责设计建造，古埃尔负责建筑费用。无论是庄园、殿堂、宅邸，还是公园，在古埃尔的支持下，高迪的所有想法都能得到实现。对于一个建筑家来说，还能有比这个更加幸福的事情吗？

"文森之家"是高迪的处女之作，也是欧洲家庭建筑的革命之作，使得年轻的高迪开始受到建筑家和巴塞罗那上流社会人士的关注。在高迪早期创作中，位于阿斯特格主教教堂的埃尔·卡普料工程值得一提。只不过这个工程并不是高迪一个人的杰作，与他合作的还有一位建筑师是克里斯托贝尔·卡萨特。两个人的风格相互混搭，交流学习。高迪是抱着敬仰和学习的心去合作的。只不过他的性子也在一开始给卡萨特一种很难相处的感觉。两个人经常意见不合，高迪的创作充满着奇妙的造型和靓丽的色彩，就像是处于童话世界一般；而卡萨特相比而言就比较规矩，作为建筑师，他也有他所要表达的思想语言。设计图稿在两位设计师的交流中改了一次又一次。两人各取所需，相互学习，相互进步，最后形成了一种奇特平衡的风格。

1883年，高迪结束在外的设计，回到巴塞罗那。就在接受"文森之家"设计的时候，他接到了建筑师琼·马托里尔的委托。"嘿！高迪。要不要接手试一试我们的忏悔教堂？"

"忏悔教堂？"高迪有些诧异地看着琼·马托里尔。他是知道这个教堂的，这又叫作圣家族大教堂。这个教堂是靠众人的捐款来建筑的，所以花费的时间十分漫长。但作为虔诚的基督徒，高迪表示他对这个项目有很大的兴趣。高迪无法预见，这个教堂的建设将伴随他一生，直到他死亡都没有建好，甚至到今天仍在建设当中。这是个以募捐资金修建的教堂,因此并不被人看好,大部分的人觉得这会是个笑话般的教堂,却没想到高迪在马托里尔的询问之后,毫不犹豫地答应了。于是,在马托里尔的帮助下,高迪接手了这个教堂的设计工作。圣家族大教堂贯穿高迪全部建筑生涯,从初期到末期的艺术发展的不同阶段,正是在其开始时期,高迪进入了摒弃历史风格、实现自我艺术飞跃发展的时期。

高迪又在观察树叶,他觉得这真是美妙无比、精彩绝伦。他一边赞叹着造物主的神奇,一边想着怎么把自然之美引进现实生活。想着想着,忽然脑海有一个声音响起:"为什么不试试把生活带进自然呢?生活本身不就是自然美吗?"连续的两个问句,砸得高迪瞬间一愣,好像自己一直不明白的东西,在这一刻豁然开朗了起来。他觉得他需要与人分享这件事,这个最好的人选无疑就是自己最好的朋友——古埃尔!

"怎么了,高迪?"古埃尔看着气喘吁吁来找他的高迪,猜测着会有什么事情发生。高迪只在有重大的发现的时候,脸上才会露出这种表情。难道是又有了什么新的建筑想法?想到这里,古埃尔的脸上也扬起了激动的神色,但他安静地等着聆听高迪的想法。

"我一直在思考的,自然与建筑合为一体!"

"什么?"古埃尔感觉有些莫名其妙了。

"把建筑融于自然,而不是让自然走进建筑!"高迪走上前,抓住古埃尔的肩膀,定定地看他。古埃尔先是愣了一愣,随即就明白了高迪所要表达的思想。古埃尔听到这个见解也十分激动,他的建筑师真的是个天才。天才的高迪,他的艺术才华如泉水喷涌,向世人展现了出来。

3. 真正的高迪

(1)

高迪一生所有的名作都在这个时期,他彻底厘清了艺术、自然与建筑间的关系,他的建筑设计也越来越得心应手了。

古埃尔公园应该算是高迪送给自己朋友的一件最好的礼物,感谢他一路的支持与陪伴。因为古埃尔希望建设一座花园城市,于是买了一块山地供高迪进行创作。高迪站在这片山地上,感受到自己即将要大施拳脚,兴奋不已。这片山地面积是很大的,足够让高迪在这里建造一大片公园了。他盘算哪里该改建什么,用什么材料,怎么去建造。高迪先围着这片空旷的山地走了一圈,丈量了一下面积。丈量完之后,高迪又走了一圈。不过这一趟,高迪手里抱着的是大圆石头。

他把这片山地划分为十几块,并且用这些大圆石头来标记自己划分的区域,以免乱套。古埃尔公园位于培拉达的山坡,很僻静,并没有什么人来。这是高迪所有的创作中,最接近自然的一个地方。高迪很是满意,在古埃尔公园,他的才华发挥到极致。公园里,喷泉和水池交相呼应。立体的廊道斜斜地歪在一边,廊道不仅有单跨还有双跨,不仅有单层还有双层。这些华美的长廊,几乎贯穿了整个古埃尔公园。廊道所用的石块,都是就地取材。这样,古埃尔公园就与自然融为一体。这是依山而建的公园,廊道设计原汁原味,就像是从自然里分割出来的一样。弯曲的长椅上镶嵌着颜色鲜艳的彩色瓷片,整个公园都透露出流线形的美感。走进这个公园,会让人觉得自己走进了梦幻般的童话世界。没有一根柱子是笔直的,优雅而流动的曲线,完完全全地体现在这座花园里。这是艺术品,然而当时的巴塞罗那的富商们并没有人愿意花钱去买,因为高迪把这华美的住宿区建在郊区的半山腰上。但这并不妨碍古埃尔公园成为高迪一生最喜欢的杰作,整座花园,像是大自然的产物,与自然完美地浑然天成地组合在了一起。

(2)

虽然在建筑上是耀眼的明星,但高迪的私人生活仍然是一潭死水。古埃尔也会带着高迪去参加上流社会的聚会。他看着高迪已经穿了好几个月都没有换下来的衣服皱了皱眉，决定要找高级裁缝给他量身定做。聚会的时候，并不只是有一些上了年纪的老年人、中年妇女，还有一些富家小姐。如果说能给自己的好兄弟促成一段姻缘，也算是个极美的事情。高迪已经三十多岁了，好像丝毫看不出来他对哪个姑娘有过兴趣，莫非挚友的眼光太高？还是早就心有所属？

其实古埃尔是想多了，高迪认为谈恋爱和结婚纯粹是浪费时间和精力，他并不想在女人身上花费宝贵的时间。所以，高迪尽管换了一身华服，但在他眼里，女人长得都是一个样子，并无差别。

"这是一个伟大的建筑天才。"古埃尔像推销宝贝一样去介绍自己的朋友，他想把高迪身上的每一个优点都告诉世人，尤其是他的才华。高迪并不太擅长交际，有人找他说话，他才会跟人交流。只有谈论建筑，高迪才会有些兴奋地多讲几句。聊到其他的事情，他一向都是兴味索然、心不在焉的样子。这时的巴塞罗那，工业资产阶级推动了加泰罗尼亚地区全面发展，他们致力于工商业兴盛，他们一直希望建设一个自由、国际化、有文化气息的巴塞罗那城市。因此在做城市建筑时，纷纷攀比，不惜重金，使得巴塞罗那的建筑业大大地兴盛起来。古埃尔的大力推荐，使许多富商来找高迪，请他为自己设计府邸。

1904年，富豪巴特略邀请高迪为他设计住宅，让他完全拆除旧宅，重新设计建造一幢豪宅，作为迎娶新人的新房。但高迪上上下下考察了一番，认为旧的大楼框架很好很坚固，没有必要拆，重新装修即可。从1904到1906年间，高迪和建筑师若热普·玛丽亚·茹若尔合作改造位于格拉西亚大道的"巴特略之家"。由此，这幢建于1877年的古宅焕发了新的生命。新宅的设计充满了高迪一贯的童话风格，通过大面积的蓝色和绿色拼贴马赛克，形成了"宁静湖水"的氛围。整栋楼屋顶的样子酷似龙鳞，屋内各个角落充斥了龙、海螺、乌龟等动物的雕饰，这些装饰不仅极具设计感，而且有实用考虑，比如如何充分利用自然光，以及如何让外部空气流入并在建筑里自由流通，这才真正是高迪设计的精华所在，即让建筑融入自然。

整栋公寓都富有高迪的浪漫气质和自然魅力。一楼的主厅是巴特略一家居住的地方，也是整栋公寓的精髓所在。入口和楼梯都是单独陈列出来的，带有华美的现代主义风格。屋顶别致的烟囱体现出高迪设计的艺术之美。当华灯初上的时候，烟囱会散发出曼妙的灯光，站在公寓顶俯瞰整个巴塞罗那的时候，会感受到极大的震撼和心里由衷想为高迪鼓掌的冲动。

（3）

　　1906年，佩雷·米拉和妻子参观了"巴特略之家"后，对其独特造型赞叹不已，于是他找到了高迪，请求他为自己设计一座公寓。"米拉之家"是高迪去世前设计的最后一幢私人住宅。公寓整体呈现出流畅曲线，"米拉之家"的房顶是一个完美的抛物线和悬链线，高低不平的屋顶成波浪状，流畅而生动，还有让人难以忽略的那些像海螺螺纹般旋转的烟囱。它的整体外墙是由白色的石头堆砌出来的，窗户开得极大，就像蜂窝，也像刚退过潮的海滩，有的像怪兽的巢穴，外形充分体现了自然之美。"米拉之家"没有主墙，它真正令人赞叹之处，就是当人走进来之后，会看到一根又一根的柱子从公寓的底部穿到公寓的顶部。这是"米拉之家"的根骨所在。拆卸掉这公寓的任何一面墙，它都还会牢固安然地立在那里，但如果拆下来一根柱子，那根柱子所支撑的整个墙面，就会出现倒塌的局面。整个"米拉之家"没有一处直角，高迪用曲线完美地代替了直线。高迪还采用中空的设计，让每一间屋子都有两面采光。这座公寓的完美设计，后来引领了自然主义建筑的潮流，按照高迪的话说，这是"用自然主义手法在建筑上体现浪漫主义和反传统精神最有说服力的作品"。

　　然而，经过6年的改建，1912年，当佩雷·米拉再次走进这座公寓的内部时候，看着怪异的风格，内心完全是崩溃的，他和妻子完全不能接受这种前卫的风格，他们嫌这不能体现贵族的雍容华贵与矜持典雅。这导致高迪以后不再接手住宅的设计，而是把余生心血完全投注在圣家族大教堂的建设。

高迪的一生，设计过公寓、学院、教堂、公园等，在其艺术成就卓越的一生中，还有一个至今没有完成的建筑。这就是最开始高迪接受建造的圣家族大教堂。在他人生的后12年，高迪不再接其他的设计了，他把全身心都投入圣家族大教堂的建设。高迪用心雕琢设计这座教堂，他为教堂设计了3个宏伟壮观的大门，分别代表诞生、复活、荣耀。代表诞生的门朝向东面，东方升起的太阳照耀着诞生之门，代表生生不息的奇迹。每个门上有4座巴比伦尖塔，这总数为12的尖塔代表耶稣的12位门徒。另有四座塔簇拥着最高的中心尖塔，代表着4大福音书的作者和耶稣本人。然而，至今，3大正门才只竣工了一扇门。

诞生之门上人像雕塑栩栩如生，据说高迪会去大街上观察来来往往的行人，为使圣经里的故事情节体现得更加真实有力，他煞费苦心地寻找合适的真人模特。他找到一个教堂守门人来充当犹大，又找到一个六指巨汉来充当屠杀儿童的百夫长。为了在一座门的正面表现被犹太暴君希律下令屠杀的婴儿形象，他居然把死婴制成石膏模型，在当时，这种艺术手段实在叫人难以认同，有人把圣家族大教堂称为"石头梦魇"。

高迪是不受他人意志左右的，在古埃尔的支持下，他全力进行自己的创作。他晚年的生活，每天就是简简单单的流程，固定去圣家族大教堂进行修建，然后去小教堂做祈祷，散步回工作室。但是谁也没有想到，就是这么看似悠闲规矩的生活，也会终结于意外。

1926年的6月10日，巴塞罗那全城都在欢呼，通电车了，但电车撞到了高迪。设想一下当时的情景，高迪也许如同往常一样，慢悠悠地走着，沉浸在他自己的世界里，梦幻般的世界里，进行着创作。然后，他的创作之乐就如同乐器断弦一样，戛然而止。而褴褛得像个乞丐的高迪真的被当作乞丐，因而延误了救治，3天后去世，如果不是一位老太太意外地发现并认出了他，巴塞罗那伟大的建筑师高迪或许就会莫名失踪，成为建筑文化史上的一大疑案了。

巴塞罗那市为高迪举行了隆重的葬礼，无数的人来为他送葬，以至于送葬队伍从圣十字医院一直缓缓延伸到了圣家族大教堂，最后，高迪被安葬在未完工的圣家族大教堂地下，长眠于他全身心设计的建筑中。

"热情的玫瑰"——伊巴露丽

伊西多拉·多洛雷斯·伊巴露丽·戈麦斯（西班牙语：Isidora Dolores Ibárruri Gómez，1895—1989），著名的西班牙国际共产主义运动活动家，以"热情之花"之名闻名于世。她出生于西班牙北部比斯开省的一个矿工家庭，1917年加入西班牙工人社会党，1920年参与创建西班牙的共产党。她常以"热情之花"为笔名宣传革命思想。曾6次被捕。她还有一句著名的言论："宁可站着死，决不跪着生！"1939年，西班牙共和国被颠覆后，她流亡国外。1942年，她当选为西共总书记，1960年改任西共主席。她还担任过世界和平理事会副主席和国际民主妇女联合会名誉主席。她在流亡国外38年后，于1977年西班牙民主后回国。1979年，西班牙共产党重返议会，她被选为众议院副议长。

伊西多拉·多洛雷斯·伊巴露丽·戈麦斯是盛开在荆棘丛中的"热情之花"，她有着对生活满满的激情，永远坚定不移，不会被任何挫折打败。她是西班牙共产党的灵魂与核心人物，也是6个孩子的母亲。虽然儿女们都为了革命事业而牺牲，但这些挫折磨难没有把她击倒。她坚持斗争，披荆斩棘，越挫越勇。1989年11月12日，伊巴露丽在马德里一所医院病逝，享年93岁。11月16日，西班牙共产党在马德里为伊巴露丽举行了盛大的葬礼，西班牙各界人士和群众数十万人及约80个国家的共产党代表团参加。西共致以这样的悼词："伊巴露丽，安息吧！你没有死！你仍活在千千万万爱戴你的人的心中！"西班牙著名诗人拉法埃尔·阿尔维蒂写了一首献给伊巴露丽的诗。诗中说："你不仅仅是一位母亲、一位大姐，而且是工人阶级的化身。"她的故事流传至今，她的热情激励着一代代人。她是最美丽的花朵，盛开在悬崖峭壁，历经重重磨难和艰险，散发出沁人的芳香。这个故事带领我们悄然走进伊巴露丽的生命，亲吻美丽的"热情之花"。

1. 童年的灰·阅历与成长

（1）

世界上总有些大事是在平凡中爆发，也总有些人生而平凡，但活出了自己的光辉璀璨。1895年12月9日，西班牙北部比斯开省一个普通的矿工家，诞生了一个可爱的女婴。刚刚来到这个世界的小宝贝，睁开她水汪汪的大眼睛，去扫视着周围，对她来说，这一切都是那么的新奇有趣。这真是个乖巧惹人疼爱的小公主啊！虽然出生在普通的工人家庭里，但她的生命被乱世烧成了一朵"热情之花"。这就是多洛雷斯·伊巴露丽，一个传奇般的女子，一个一生多姿多彩的女子。但是此刻，她却乖巧地躺在床上，就连哭泣都十分少。这对伊巴露丽的父母来说，也算是省心省力。

时光飞驰而过，小伊巴露丽从睁眼到会坐，会爬会站会走，好像就是眨眼间的事情。她学走路的时候，摔滚摸爬是家常便饭。起初她会号哭两声，抗议妈妈的照顾不周。但是好像并没有什么用，身为矿工妻子的妈妈，一天需要忙碌的事情实在太多，光是洗衣做饭就已经忙不过来了，常常是由着她哭完之后自己玩。所以小伊巴露丽慢慢地懂事起来，她体贴父母的艰难，也得到了父母更多的温柔与慈爱。

"伊巴露丽？"

"我在，爸爸！你今天回来好早。"时间真是个神奇的东西，转眼间伊巴露丽就长到半人高了，往日的小豆丁出落得玲珑可爱。年纪小小，却异常聪明懂事，她已经承包了家里的所有家务。

"伊巴露丽，你，愿不愿意去史密斯太太家当一个女仆？"

"爸……爸爸？"伊巴露丽停了下来，她不太愿意离开家去做女仆，她要忍受主人的坏脾气，要赔着笑脸去做任何事情。这一向是她所不擅长的。但是伊巴露丽知道，矿工家庭的女孩子并没有什么好的生活出路，她没有更好的选择，她不能抱怨自己的父母，也不能抱怨自己的出身。所以，尽管是一脸的不情不愿，伊巴露丽还是同意了父亲的要求，去史密斯太太的家里面当女仆。

(2)

做女仆的日子与当初的想象没有太大差别，得不到女主人的尊重和笑脸，甚至有时候还会被男主人占便宜。

"我再也不要待在那鬼地方，干那些糟心的工作！"伊巴露丽回到家对父亲说，父亲觉得女儿有些耍小性子了，家里贫穷，养不起吃白饭的人。在贵妇人的家里，环境好，吃住也都好，至于受气嘛，人生哪有不受气？

"我宁可干体力活，爸爸！"伊巴露丽毫无惧色地看着父亲，她的眼里充满了坚定。

"那就是说你要跟我下矿？干那些男人干的、肮脏的活？"父亲像是在嘲笑她，直白地反问她。矿井到处都是黑的，并不是轻松的活计。最关键的是，里面甚至随时都有塌方的危险。

"男人怎么了？女人又怎么了？同样都是人，您能干的工作，我也能。"伊巴露丽激动地睁大眼睛，眨都不眨一下。房间里突如其来的沉默，略显尴尬。

"好吧，小姑娘。"在许久的沉默之后，父亲终于妥协了。他不太明白为什么这看起来瘦瘦小小的女儿，年纪不大，脾气也好，就是执拗得可怕。一旦她认定了什么事情，任凭别人怎么说，也不会有丝毫的动摇。于是，伊巴露丽在矿上的工作就算安定了下来。后来，她回忆起这段经历的时候说："我是矿工的女儿，矿工的妻子，矿工的姐妹。"

最初，伊巴露丽干得很吃力。她常常在矿井里找不到方向，也会因四周一片漆黑而惊慌得不知所措。经过极其忙碌的一天，她的胳膊会抬不起来。日复一日，都是这样的忙碌劳累。一个礼拜之后，伊巴露丽甚至觉得她的胳膊会废掉，她会丧失对自己胳膊的主导权。

"小姑娘，矿上的日子过得怎么样？"父亲看见躺在床上一动也不想动的她,讽刺道。"我觉得这工作很好!是的,非常好!"年轻的女孩,不知从哪里来的一股韧劲。

矿上的生活持续一段时间后,伊巴露丽终于克服了重重困难,能够很熟练地工作了。在大家眼里,这个女孩不但能干,而且非常有性格。来矿上监工的头子对着矿工们,永远都是一副不可一世的表情,大家也对他毕恭毕敬,只有伊巴露丽朝他的背影吐舌头,不想却引来旁边年轻人的笑声。"小姑娘挺可爱。"她没有想到会有人看到这个怪样子,羞红了脸,慌忙走了。尴尬的是,刚走不远,就被地上的石头绊了一下,险些摔个大马趴。她气恼地跺了跺脚,踢了踢刚才绊着她的石头,头也不回地溜走了。现在的伊巴露丽可不会被那点活儿累得浑身酸痛了,也不会在乌黑的矿道里感到惶恐。父亲没想到这小小年纪的女孩,意志力竟然这么强,只是他暗暗担心,矿上的工作不仅仅是脏累,还有不知什么时候发生的危险。

(3)

矿道出事的时候,伊巴露丽不幸正在下面工作。她一开始并没有感到惊慌,这种上方忽然塌陷的事情,她经历了不止一两次了,不用等太久,外面的矿工就会很快挖通,而且每次矿道塌陷也只是一小处,并不严重。但是,当时间慢慢过去很久,依然没有动静,伊巴露丽才意识到此次事情的严重。矿道里是极黑的，就算她已经习惯这种黑，但好像今天的矿道更加漆黑。她忽然有些怕了，还有些慌张，于是不由自主地想念家里的煤油灯。时间好像已经过去很久了，她竟然开始想父亲那常年严厉的脸、笑里带讽刺的嘴角，也想起母亲沉默而温暖的微笑，总是像太阳一样照耀着她的成长。她思念自己温馨的家，觉得自己一定要干些什么来努力自救，但她真的已经分辨不出方向了。忽然，她听见左后方传来了一些轻微的声响，这让伊巴露丽顿时有了希望。

"有人吗？"她喊道，回答她的是自己的回音。

"有人吗……"再一次呼喊，她可不甘心。她确信刚刚是真的听见了声响。

"谁在那里？"一个男低音让伊巴露丽一愣。她认得这个声音，这是前些日子嘲笑过她的青年。她忽然有些不想让他过来，可她也不想就这么死在这里。少女的心思总是容易纠结在无关紧要的事上。最后，求生的欲望战胜了少女的羞怯，她开始往那边摸索，那个青年也在往这边摸索，渴望生存的两双手在黑暗里握在了一起……

他们在黝黑的矿道里待了不知多长时间，矿道终于通了。想来应该是两个人在一起互相鼓励，终于战胜了恐惧。从矿道里出来的时候，伊巴露丽被母亲紧紧拥到怀里。她从来没觉得阳光有今天这么明亮,这么温暖,这么美丽。她瞥见了不远处的父亲,出乎意料,这个威严的男人此时正在偷偷地抹眼泪。这就让伊巴露丽有些良心难安了。她愧疚地别开了头,却看到井口的方向那个刚上来的年轻人的黑脸,两人都止不住地大笑。伊巴露丽反应过来,大家都是从一个矿洞里出来的,这个小伙子的脸黑到看不清五官,自己又能好到哪里去?

其实,这小伙子洗干净之后,还真的挺英俊。从那天矿洞脱险后,小伙子总是来找她。他们渐渐地就熟络了起来。两人一起模仿矿上头子骂人的表情和走路的姿势。小伙子有模有样地表演,引得伊巴露丽哈哈大笑。后来她才知道,这个小伙子并不是这个矿上的工人,而是西斯陶船厂的工人,名字叫胡里安·路易斯。

2. 热情的红·革命的开始

(1)

20岁,人生最好的年华,伊巴露丽决定结婚了,嫁给那个陪她多年的小伙子。这是工人阶级的婚姻,没有王公贵族,也不是公主王子的童话故事。只要彼此相爱,他们就是对方眼里的公主和王子。

伊巴露丽是父母11个孩子中的一个,并没有什么特别优秀的气质,她从小受到的都是教堂教育,她的祖国西班牙就是一个靠天主教信仰撑起的国家。但是她发现,虔诚祈求的人,他们的愿望并没有实现,工人们依旧摆脱不了被压榨的命运。她也曾不断地向上帝祈祷,但是祈求过后的结果就是,生活依旧没有改善,痛苦的地方依旧痛苦。年少的伊巴露丽一旦长大懂事,面对生活的压迫,那种窒息的感觉就铺天盖地地压向她。矿上头子看着矿工们的眼神好像是在看牲口一般,满脸的肥肉,走一步晃一下,伊巴露丽现在没有心情去模仿了,而是恶心得吃不下饭。

"上帝啊!如果你真的存在,那么你为什么听不见我每日每夜的祈祷,看不见我现在一贫如洗的生活呢?"又一个礼拜日,又一次站在教堂里默默祈祷,伊巴露丽苦恼不已。这样的祈祷,从她懂事那天就开始了,成百上千个星期日的虔诚祈祷,而她的生活却仍丝毫不见改善。她能怎么办呢?她也很绝望啊!她对上帝的信心开始动摇。

伊巴露丽虽然生而贫困,但是父母却鼓励她学习,她也喜欢学习,热爱读书。她在困惑的时候会去读书,希望从书中找到答案,她也会和新婚的丈夫商量。胡里安是个脾气不错的人,他会仔细耐心地聆听妻子诉说每天愁烦的心思,温和地去安慰她。伊巴露丽第一次接触"共产主义"思想的时候,其实是抵触的。不仅仅是抵触，还带着些许嘲讽，嘲讽它不切实际。但书架上的《共产党宣言》就像一只魔手，在不断地撩拨着她的好奇心，她忍不住一次又一次地阅读。

"亲爱的，瞧我发现了什么？"伊巴露丽突然开口，着实吓了胡里安一跳。她拿着书的手都在止不住地颤抖。她把这本宝贝书里的很多段落和丈夫分享，两个人从头看到尾，从黄昏看到深夜，甚至于连晚饭都忘记吃了。看到胡里安的反应完全与料想到的一样，伊巴露丽扬起了一脸得意扬扬的笑容。在当时，共产主义的思想并不陌生。只是西班牙是一个以天主教为信仰的国家，除了天主教，其他思想都是"异端"。伊巴露丽也是虔诚的信徒，但当信仰上一次次失望，使她迷茫了。她这次是从迷茫转向质疑，一直以来她所信仰的上帝真的存在吗？胡里安激动地看着妻子，他们一起探讨的结果就是放弃原有的信仰，转身投入无产阶级革命洪流中去。

曾经有多么坚定地去相信，现在就有多么坚定地去放弃。伊巴露丽放弃自己的信仰之后，还是有些迷茫的，伴随了她二十多年的信仰就这么坍塌了，实在有些不知所措。但她是个执拗的人，她所决定的，所认定的，就算撞得头破血流也绝不回头。只是她万万没有想到的是，看起来一向温和宽厚的丈夫，在这件事情上不仅没有反对她，还支持她，甚至他心里燃起的革命之火比伊巴露丽的还要旺盛。但是当她的亲人、朋友，附近的人知道这件事情后，都觉得不可思议，开始躲着伊巴露丽。"我看你真的是疯了。"一向温和的母亲对伊巴露丽说出如此伤她心的话。两个人都很震惊，只不过一个人是震惊自己的女儿居然去信仰什么共产主义，而另一个震惊的是她几乎没见过母亲如此训斥。伊巴露丽想过，自己的想法会遭到亲人的反对，但她以为反对的会是老套古板的父亲，却没想到会是她一直敬爱的母亲。

　　受到各种歧视和逼迫的伊巴露丽，感到腰间多了一双温暖的手，然后是熟悉的气息在肩窝、耳后，一点点地传到脸颊上。伊巴露丽忽然就笑了，她想到如果真的有什么让她值得感谢上帝，那就是遇见了眼前这个男人。让她在战斗的时候，不至于孤军奋战；让她在感受到这世界冰冷的时候，不至于孤身一人。她仿佛什么也不怕了，不怕流言蜚语，不惧排挤冷漠。西班牙是一个有宗教信仰的国家，宗教思想根深蒂固到可怕。可以想象，伊巴露丽在当时会受到怎样的逼迫，但是她真的无所畏惧了。伊巴露丽可以无视陌生人的白眼，却对自己的亲人放不下。

　　"路易斯……"

　　"嗯？我在。"她与他拥抱，亲吻，她把头深深埋进丈夫的怀里沉默着。路易斯拍了拍自己妻子的背，等她开口。

"我们走吧,我是说,去别的城市。"许久之后,伊巴露丽抬起头,一脸疲惫又带着些许希冀,望着路易斯的眼睛。

"好啊!"他笑了。她知道,她会从他那里得到支持、鼓励和肯定。

于是,索莫罗斯特罗城市迎来了一对夫妻,他们带着对革命的坚定信念,来到这里,几乎是刚刚落脚,就找到了这里的社会主义青年联盟。

(2)

"吃点东西吧。"伊巴露丽躺在床上摇了摇头,因为长期不沾水,嘴唇甚至有些干裂。她的眼睛红肿。这四天来,她粒米未食,也滴水未进,她甚至连觉都不敢睡。一闭眼,就是一岁多的大女儿因为营养不良而蜡黄的脸。她的女儿嘴巴一张一张地在叫着"妈妈",牙齿还没长齐,走路还常常摔跤,会说的只有几个音节。但是,那可爱的天使已经永远离她而去了。

想到这里,她又流下了泪水。一双手捧住了她的脸,为她擦干净泪水。"她一定去了美丽的地方。"路易斯这么安慰妻子,也安慰自己。

"是我们没有照顾好她。"

"但是我们尽力了,不是吗?"路易斯话音刚落,伊巴露丽哭得更凶了。是的,他们已经尽力了。他们没有什么钱,还要努力推动革命工作,每日生活都难以维持,女儿的意外死亡,让夫妻俩内疚不已,但也令夫妻俩对革命的热情更加高涨。尤其是伊巴露丽,她的思想越来越激进,但是更糟糕的事情还在后面。

听到路易斯入狱的消息时,伊巴露丽没有站稳,直接坐到了地上。她真的是迷茫极了,她不知道为什么生活是如此的艰难,她还有四个孩子要抚养,她要振作起来。他们是工人,是在当时社会地位最低下的普普通通的工人。他们所能做的革命运动,就是罢工,路易斯正是因为这个而被捕入狱。伊巴露丽在经过革命的磨难后,依然毫不低头,反而越磨越坚韧越强大。生活越紧迫,她就越崇尚共产主义革命。从她决定加入革命的那一刻起,她就从来没有后悔过。

当"热情之花"的名字出现在工人阶级的一些报纸上时,立刻就引起了工人们的赞扬。最初,伊巴露丽决定要做些什么的时候,她能想到的除了罢工,就是写文坚定工人们的思想。于是她仔细研究马克思主义,考察工人运动。科学的思想、伟大的追求经过她的描绘,流露出工人们对共产主义社会的无限向往。在丈夫第一次被捕入狱不久后,伊巴露丽开始疯狂地投入革命运动中。

（3）

1920年4月15日，这是特别的一天。社会主义青年联盟在马德里人民之家召开会议，讨论决定改组青年联盟，建立共产党。伊巴露丽参与了党的创建工作，同索莫罗斯特罗城社会主义小组成员一起加入了西班牙的共产党。1921年3月，她还出席了西共的第一次代表大会。伊巴露丽把自己几乎所有的才华和精力都放在如何能推动革命发展上去了。她博览群书，能说会道，透彻地研究过马克思主义，对社会主义也有详细的了解。伊巴露丽从小所经历的贫苦，使她能深刻体会到工人阶级的所需所求，以及工人阶级被压榨的日子是怎样的煎熬。伊巴露丽通过露天演讲，通过在工人阶级报纸上发表的文章，与工人阶级实现了心灵深处的共鸣。

逐渐地，西班牙的革命者没有人不知道"热情之花"。她的演说越来越频繁，追随者也越来越多，只是她常常会忙得照看不上孩子。1928年的一天，虽然是个大晴天，但伊巴露丽却觉得阳光格外刺眼。她跪坐在一堆鼓鼓的小坟包前，面前是挖好的第四个，已经第四个了……她艰难地想着。她的孩子，从出生就没过上好日子，因为没有足够宽裕的收入，孩子才会营养不良，才会无钱医治，才会使她想通过革命运动，摆脱自己困苦的命运。

伊巴露丽第一次被抓入狱时，尽管她算是经历了大风大浪的人，但还是有些心怯。她在监狱发了呆，她不觉得自己有什么过错。以前是这么认为，现在也是，以后也是。这丑陋的资本主义社会令她作呕，她一定要搅动这局面，只要她活着一天，不论生活是怎样打压她，她也绝不低头妥协。她忽然想到自己的丈夫路易斯，一定也如她一样。想到这里，她安心了。这将她逼到绝境的社会，如果说还有那么一点温暖的话，应该就是来自这个男人。"啊！我的孩子。"伊巴露丽突然站起往门边跑去，但是刚走两步，就停下来了。她现在在牢里，但是她的孩子，该怎么办呢……

革命还在继续着，伊巴露丽也在毫不放松地努力着。现在已经六次的入狱经历让她早就习以为常了。为革命献身，这点又算得了什么呢？她也许是一个很好的革命家，但是她从来都不认为自己是个很好的母亲。她几乎将所有的精力都奉献给革命了。孩子是无辜的，但她却认为是自己剥夺了他们享受童年、享受父母宠爱的权利，甚至是生命。

3. 激情四射·西共的斗争

（1）

伊巴露丽积极推动革命，影响逐渐扩大，1930年，在西共党的第一次全国会议上,由于她在矿工中日益增加的声望,被选为党中央委员。此后,伊巴露丽更加忙碌了,她渴望站在组织的高处,广泛地进行革命。繁忙的工作迫使伊巴露丽不得不把剩下的两个孩子送到苏联去,临别之际,她紧紧地抱着两个孩子,久久不舍得放手,但她很清楚,送走是最好的选择。孩子们在这里,跟着她四处奔波,身体健康得不到保障,她也没有办法静下心来学习,以及全身心地投入革命中去。苏联这个国家,她并没有去过,没有亲身体验过,但那个社会主义国家是她和其他革命者都向往的共产主义家园。如果说以前的她把所有的信任都给了天主教的上帝,现在的她就是把所有的信任都给了共产国际。她绝对相信她的同志们会照顾好自己剩下的两个孩子。

多洛雷斯·伊巴露丽与群众

伊巴露丽继续努力工作,她在矿工中的声望持续上升。她的演说次次满场且火爆,她在报纸上发表的文章也总是被争相传阅。

那时，西班牙各阶级的斗争越来越激烈，无声的战场早已硝烟弥漫，伊巴露丽的宣传组织工作也越来越紧张。西班牙内战是一场关乎革命者生死存亡的战争，忽略任何一个细节问题都可能导致革命的失败。伊巴露丽无时无刻不在观察摇摇欲坠的君主专制体制的动向，找寻合适的时机，来给它最后最沉重的一击。

"是时候了！"

1931年4月，西班牙的国内矛盾日益激化，西班牙各阶层人民同君主专制政权展开了激烈搏斗。4月中旬的一个晚上，月色不甚明亮，气氛十分紧张。西班牙共产党的领袖们挤在一间并不宽敞的屋子里，烛光显得极其刺眼。谁也不敢多说一句废话，就在这里从傍晚讨论到深夜，从深夜讨论到黎明，每个人都紧张又亢奋。终于，革命开始了，他们仿佛能听到工人们的呐喊声。14日，西班牙国王被驱逐，共和国宣告成立。

君主专制被推翻了，伊巴露丽竟激动得不知所措。长时间的革命斗争总算有了结果，国王的下台意味着共产党终于不用再躲藏在黑暗中，11年来的艰苦奋斗终于得到了成果。"我们要把共和国旗帜在雅典内奥俱乐部升起！"一个党员拍着伊巴露丽的肩膀说着。"我想还有邮局大厦。"伊巴露丽微微一笑说道。她和人们一起，在邮局大厦的下面，看着共和国的旗帜缓缓升起。她心里所包含的情绪实在太多，都随着这旗帜一点点地上升。感动伴随着欣慰一遍遍洗刷着伊巴露丽的心灵，让她不禁泪如雨下，她的肩膀也止不住颤抖，只是当年那个为她擦眼泪、揽她入怀的人已经不在身边了。

（2）

"这只是阶段性的胜利！"共和国是一个新生的政权，危害国家发展的因素还很多。在西共第二次全国会议上，伊巴露丽看着因为眼前胜利而有些飘飘然的同志们担忧地提醒道，共和国的局面并不能说十分稳定，相反，比之从前，他们要更加小心翼翼，去对付藏在暗处的敌人。1932年，伊巴露丽已经是西班牙共产党的中央政治局委员，她在党内的影响力逐步上升，她的形象第一次为全国所知晓。现在，"热情之花"在西班牙共产党内越来越有话语权，伊巴露丽开始担任西共政治局委员和书记处主管妇女工作的书记，这两个职责让她感受到自己肩上的重任。同年，伊巴露丽出席了共产国际执委会第十三次扩大会议，她看着莫斯科的繁华，既感慨又新奇。这里是无产阶级革命的中心所在，是各国革命者思想产生相通和共鸣的地方。想到这里，伊巴露丽就激动了起来，她是西班牙共产党的代表团成员之一，在这里将与其他国家的同志们互相学习，共同进步。在会议上，她认真听讲，积极发言，她希望通过这次会议，学习更多的革命知识和技巧，以便于在西班牙共和国发展时期，能处理更多的突发事件。

回到西班牙，面对法西斯分子日益猖獗的活动，伊巴露丽组织了妇女反战反法西斯西班牙委员会。1934年8月，伊巴露丽又率领西班牙妇女代表团去巴黎出席了世界妇女反战反法西斯大会，向各国妇女介绍了西班牙妇女的斗争情况。巴黎是个繁华与浪漫并存的城市，伊巴露丽也很喜欢这里。"这梧桐树长得多么茂盛啊！"伊巴露丽摸着路边粗壮的梧桐感叹道。8月，已经是夏末秋初，路上微微起了风，丝丝的凉意让伊巴露丽体验到许久没有的开心放松，但她没有忘记自己的使命。世界妇女反战反法西斯大会在巴黎轰轰烈烈地拉开了帷幕，这是属于妇女反法西斯的阵地，伊巴露丽慷慨激昂地陈述了西班牙妇女在反法西斯斗争中的拼搏与奋斗。

（3）

1934年，应该算是黑色的一年。法西斯的势力在西班牙猖獗无比，伊巴露丽早就发现了苗头，她无比迅捷地组织妇女起来开展反法西斯的斗争。10月，工人们组织了再一次的大罢工，继而发展为起义，要与法西斯势力斗争到底。当起义遭到反动政府镇压、血流成河的时候，伊巴露丽失声痛哭。她是第一次见到如此残酷的屠杀和淋漓的鲜血。她不是不知道，凡是革命总是要伴随着流血和牺牲，但是她的眼泪却止不住地流淌。10月起义的失败，带来的不仅仅是革命的低潮，还有深深的恐怖。在全国上下弥漫的血腥味久久不能散去，许多工人不敢再进行革命运动，而是安安分分地干着自己分内的工作。

　　伊巴露丽这时真的觉得好累，她想，此时此刻，西班牙的革命运动需要共产国际的支持。她毫不怀疑，自己随时都有可能被抓起来被枪毙掉，但是她也毫不怀疑，只要能到达巴黎，共产国际就一定能帮助西班牙共产党，成为他们强有力的后盾。她下定决心，无论多么困难和危险，都要再去巴黎。

　　1935年，为了争取共产国际对西班牙工人阶级的支持，伊巴露丽不顾危险，徒步越过边境，来到巴黎参加捍卫西班牙工人阶级利益的集会。在演说中她说到那充满血腥味道的10月起义时，伊巴露丽忍不住停下来，她不想去回忆那被鲜血冲刷的街道充满了绝望的尖叫和本能求生的哀号，但她克制住了自己的感情，作了完美的陈述。会后，她又徒步偷偷穿越边境回国。同年，共产国际召开七大，她当选为执委会候补委员。七大确立了反法西斯的主要革命纲领，号召建立反法西斯国际统一战线，伊巴露丽一直焦虑的心，总算是可以稍稍平静了。

再次回到西班牙的伊巴露丽面临更大的难题和困境。西班牙国内的阶级矛盾越来越激烈，革命的形势就像已经开弓的箭，没有回头路了。1936年1月15日，西班牙左派的共产党又举行了会议，这次会议明确了西班牙人民阵前公约和反法西斯民主革命纲领。伊巴露丽在西班牙共产党中的声望不断提高，新议会一开始，她就被推选为议员。第二次议会会议，伊巴露丽当选为副议长。她并没有因为声望和地位的提升而得意忘形，而是更加热爱她信仰的共产主义事业，更加奋不顾身地投入革命中去。

（4）

西班牙的法西斯势力更加猖狂了，法西斯分子不甘于选举的失败，在全国各个城市发动了叛乱，西班牙进入了国内革命战争时期。

"他们已经开始暴动了。"

"我知道。"伊巴露丽用力地揉着自己的太阳穴，那里因为紧张而隐隐作痛。这次暴乱的到来并不突然，但暴乱势力是如此大，遍布全国各个城市。

"去准备，我即将进行演讲。"伊巴露丽知道，越是动乱，越要保持冷静，也越要稳定人民的心。她相信，只要自己站在讲台上，这一方天地就是她的。就在法西斯暴乱席卷西班牙全国的时候，"热情之花"的名声也传遍全国，无论穷乡僻壤还是通都大邑。她辗转各地，发表演讲，尤其是在西班牙的马德里，更是一刻都未松懈下来。

"报纸也绝不能停，再加紧些，多印刷些。"伊巴露丽在演讲的空隙也要去盯紧刊物的印刷。她像个永不停止转动的陀螺一样，忙得团团转。"让我想想，还有什么能做的，还有什么没有做到的？"伊巴露丽把脸朝向太阳，眯起了眼睛。阳光其实并不刺眼，但几个夜晚都未合眼的伊巴露丽正需要一些阳光来刺激她的神经。

"伊巴露丽，我想，您还是去歇一会儿比较好。"她看了看身后的年轻小伙子，有十八九岁，是她忠实的助手。休息，这对她来说并不重要，她现在所关心的是，怎么能让西班牙的法西斯势力彻底地被打败。"共产国际那边还保持着联系，对吧？"伊巴露丽转身问助手，虽然得到了肯定的答复，不知为何，总是觉得有些不安。这不安的心情太过细微又说不出理由，很快就被伊巴露丽忽略了过去。

"马德里，将会是法西斯主义的坟墓！"伊巴露丽抓着电台话筒的手有些颤抖，激动的同时还带着无比的愤慨和决心。伊巴露丽擅长呐喊口号，她在矿上做工时，矿工们经常唱歌喊口号。神奇的是，一听到口号，伊巴露丽就会觉得自己浑身有使不完的力气。反动势力随着时间的推移越来越猖狂，这是伊巴露丽一开始没有料想到的。西班牙各地的共产主义者，抵抗不住法西斯的高压，慢慢地退缩投降了。

伊巴露丽站在楼上往下看，往日马德里繁华的街道因为内战的阴云而变得行人稀少。她扶了扶额角，从当下这种局面来看，必须要做点什么来挽回共产主义节节颓败的局面。"去准备下，大家都去，准备在马德里进行游行。"伊巴露丽对助手说，于是，由"热情之花"亲自领导的示威游行在马德里轰轰烈烈地展开了。

只是这次的游行，并不是主要反对法西斯的游行，而是反对投降主义的游行。人们在马德里的街道上挽着手，一起往前走，高喊着口号，声势浩大。伊巴露丽又开始奔波于各地，她亲赴前线发表演讲，激励士气，让身处战争前线的革命者们很是感动，西班牙的共产党人好像又一次团结起来了。

伊巴露丽实在是拼尽了全力。但法西斯势力得到了国际帝国主义的支援，有钱有人有枪，叛军在一天天地壮大，还联系上了意大利和德国的法西斯势力，以不可阻挡的猖狂之势向马德里逼近。伊巴露丽着急地向共产国际寻求帮助，但现实情况要让她失望了。

全世界各地的革命者都在与法西斯势力做斗争，并没有多余的兵力来帮助伊巴露丽完成西班牙的反法西斯斗争。坚持了8年的共和政府啊，伊巴露丽在临走时又恋恋不舍地看了一眼。1939年，西班牙的共和国政府抵挡不住法西斯的反动势力，领导人们纷纷逃出国外，开始了流亡的生活。

4. 热情之花，绽放光彩

（1）

故地重游，每个人的心境都难以言说，伊巴露丽也是如此。她站在巴黎的街道上，盲目地走着。没关系，失败可以再来。只要奋斗不懈，西班牙的民主共和势力与工人阶级的崛起还是指日可待的。生活上的坎坷从来没击倒过她，伊巴露丽也从来就不缺少勇气和韧劲。西班牙的内战以革命者不敌强大的法西斯反动势力而告终。没有什么可以遗憾的了，大家一直战斗到了最后关头，每个人都为捍卫民主共和作出了最大的牺牲和努力。伊巴露丽相信，这一切并不会结束，民主共和国会再次兴起。生命永不止息，革命就永不止息，战斗还在继续。她事后写道："我们捍卫了自由和民主的传统……在那些历史性时刻，共产党忠实于自己的革命原则，遵循人民的意志，支持了代表人民意志的政府；我们支持了共和国和民主……民主共和国万岁！"她觉得自己需要去社会主义国家苏联学习，那是一个革命斗争成功的国家，那是实现了社会主义的国家。这都让伊巴露丽感到无限的向往。

法国距离西班牙并不近，苏联距离法国却更远。就算路程再远再艰难，她都要咬牙坚持下去。伊巴露丽还想到了她的孩子，她的两个孩子在几年前被组织送到了苏联。想想就要见面了，内心的激动是短时间无法平复的。在流亡的过程中，她也不是自己一个人，她与西班牙共和国的领导者和骨干分子们一起辗转多地。

伊巴露丽走下火车的那一瞬间，当她在接站台看到熟悉的两张面孔的时候，她终于没能忍住自己的眼泪，任由它们流了下来。革命取得最初胜利的时候，她没哭；革命失败后流浪各地，她也没哭。但是，当她与几年未见的孩子们重逢的时候，眼泪却止不住了。这是母爱的真情流露，这包含着满腔的思念和无尽的亏欠之情。人生苦短，青春年少更是易过，孩子们的成长没有她的陪伴，本应最璀璨天真的年华，却受尽奔波流离，饱尝思念之苦。她冲上去，一把抱住两个孩子，以前完全能揽在怀里的孩子，现在却只能一手揽到一个肩膀了。"小伙子们都长大了！"伊巴露丽与他们拥抱着，亲吻着，此时此刻，没人去打扰母亲和孩子们的相见。

　　然而，重逢的喜悦是短暂的。很快，第二次世界大战爆发了，战争席卷欧洲每一寸土地。西班牙共产党的处境更加艰难了。伊巴露丽知道在这一刻，共产党人更要团结在一起。于是，几位核心领导商量之后，就立刻发布了声明，号召西班牙人民实行全国团结，阻止西班牙与德意法西斯联盟同流合污，阻止西班牙参战。虽然此时伊巴露丽身在苏联，但是这并不妨碍她积极参与革命事业。她开始投身到全世界的也就是国际的反法西斯斗争中去了。她拼尽全力，毫无保留。因为她知道，法西斯联盟穷凶极恶，国力强大，来势汹汹，靠西班牙共产党人的反抗势力并不能快速击退敌人。只有世界反法西斯力量联合起来，才能取胜，西班牙的反法西斯斗争也才能取得最终的胜利。

　　此时，一个不幸的消息传来。

　　"'热情之花'！我们的……迪亚士书记……病故了……"

　　"什么？"正在整理材料的伊巴露丽停下来。迪亚士，西班牙共产党的总书记，一位热情的同志，一位果敢的领导者。伊巴露丽觉得满腔哀恸，不仅仅是为故友的逝去，也是为西班牙共产党失去中流砥柱而感到难过。很快，西班牙共产党任命伊巴露丽接替迪亚士总书记的位置。伊巴露丽开始担任共产国际执委会主席团的成员，也开始进入了书记处工作。

然而，不幸的消息接踵而至，她的儿子、英雄鲁宾在斯大林格勒保卫战中牺牲了。她人前坚持工作，人后号啕大哭。这就是命吗？她难以想象斯大林格勒战役是多么的激烈，但她是知道的，战场上到处都是流血和死亡，连空气都是充满着血腥味。她怀着革命的热情让自己的孩子上了战场，直接参与到反法西斯的战斗中去，她知道儿子是光荣的战士。伊巴露丽强忍悲痛，把对儿子的怀念放在心灵最深处，继续坚持工作，坚持斗争，等待着胜利的那一日到来。

（2）

1943年，为了适应新的国际斗争形势，共产国际宣布解散，伊巴露丽拿着笔迟迟不肯签下自己的名字。这是共产国际解散宣言，作为执委会主席团成员，伊巴露丽也是要在上面签字的。伊巴露丽明白，共产国际的解散，代表着西班牙共产党人争取自由民主的革命道路会越来越艰辛。但是伊巴露丽很快就调整好心态，还有大量的革命者留在了西班牙国内，革命的火种还在，革命的种子遍布，她相信，只要不放弃，革命者一定会走到光明大道上，革命斗争也一定会胜利。因为这是伟大的斗争，是自由民主的斗争。她对自己的信仰保持着完整的初心。

1945年，反法西斯战争取得极大进展，法国解放了。国际妇女大会再一次在巴黎召开，国际妇女大会会址门前大道上的梧桐树看起来更粗壮了。伊巴露丽前来参会，像故人重逢一样抚摸着这树，就像在抚摩婴儿娇嫩的脸一样温柔。上次到来的时候，西班牙内战刚刚开始，国内的法西斯分子虽然猖狂，却还没有完全投靠国际法西斯联盟，而她依然带着极大的信心在妇女大会上汇报革命情况。现在，巴黎几经磨难，终于从二战中挺了过来，从法西斯的铁蹄下解放出来了，巴黎人依然是温柔与浪漫的，迷人又可爱的。而伊巴露丽也还是那个自信迷人的伊巴露丽，她的演讲依然振奋人心，她的风采依然赢得热烈的掌声。伊巴露丽的陈述带给各国妇女的是对共产党和反法西斯革命胜利的信心与期待，最后，大家一致投票伊巴露丽担任世界民主妇女同盟副主席。

（3）

二战胜利了，然而伊巴露丽仍未能归国。1947年3月，她在巴黎主持了西共中央委员会扩大会议，6月，代表西共出席了法共在斯特拉斯堡的代表大会。不久，冷战开始，北大西洋公约组织建立，欧洲反共逆流泛滥开来了。伊巴露丽为了和平而担忧的心就从来没有停止过。欧洲仿佛就是一个没有硝烟的战场，每一个国家都坠入了这个无形的战场里。这是资本主义和社会主义的斗争，西方反共浪潮瞬间就被掀起，并且一发不可收拾。西班牙共产党本就弱小，现在就更加艰难了。而法国政府，开始对西班牙共产党的公开机构进行破坏。这个在伊巴露丽心里留下迷人浪漫印象的国家，现在就像是吸血鬼，终于露出了它华美外表下的森森獠牙。

伊巴露丽和她的战友们又一次转移根据地了。这次是到了布拉格——捷克共和国的首都。这是社会主义国家的营垒，在这里，他们终于安全了。她会定期去莫斯科，在那里学习工作，居住些时日。不过在1948—1949年，大部分的时间，西共领导人是在布拉格开展活动和工作的。伊巴露丽以西共代表团团长的身份在苏共召开的十九大上发表了公开演讲。就像以往一样，伊巴露丽再次绽放出她迷人的光彩，"热情之花"开得正盛。

有一天，一位同事兴奋激动地说："告诉你一个好消息！"

伊巴露丽看着这位平时比较矜持的同事，有些感兴趣："发生什么事情了？"

"西法边界开放了。"

"这不是早就有苗头了吗？"虽然伊巴露丽看似平淡，但是她上扬的嘴角完全泄露了她此时此刻的心情是何等兴奋。有苗头是一回事，真正发生了才是另一回事情。伊巴露丽不敢耽误，立刻着手准备。"我们国内共产党的根基也该挖出来给世界看看了。"两人相视一笑，都明白对方的意思。最初，只是一小批党员被派遣回国，之后，越来越多的党员被陆续派遣回去。当务之急，就是要摸清和适应西班牙国内的形势，方便西共扩大活动，更好地发展。"对了，也是时候召开五大了。"伊巴露丽转身叫住就要离开房间的同志，继续商量这一重大事件的安排。

此时是1954年秋天，布拉格的阳光好像又恢复它正常的温度。院子里的玫瑰开得正好，阵阵芳香，娇艳欲滴。屋内是一片肃穆庄重的气氛，这是西共第五次代表大会，每个人的表情都是严肃认真的。伊巴露丽拿出事先准备好的稿子，做《西共为西班牙的独立与民主，彻底改变西班牙人民生活条件而斗争的纲领》的讲话，先是简单地进行了一个陈述，然后就开始分析现状。"有两点，反法西斯战争的胜利和社会主义阵营的建立，无论是哪一点对我们来说都是有利的。"伊巴露丽用眼睛扫视在场的每一位，直到看到大家都点了头，这才收回了她的目光，又继续说了下去，"封建残余还在西班牙贫穷的地区存在着，我们一定要明确将其扫除。美国的条约，我们也务必取消，这条约简直就是侵略。"伊巴露丽说到这里，引来了一片赞同声。这次大会制定了西班牙民主革命的新纲领,即扫除农村的封建残余,取消同美国缔结的侵略性条约,重建民主自由,改善人民生活条件,处理好国家与教会的关系。会议再次选举伊巴露丽为西班牙共产党的总书记。

(4)

1961年,作为西班牙共产党的总书记,在苏共二十二大上,伊巴露丽再次代表西班牙发言。8月,西共中央全会也召开了,会议主张国内和解,加强左派力量大团结,充分利用合法权利,用和平手段推翻佛朗哥政权。全会召开后,西班牙工人运动的热情越来越高涨,民主斗争的浪潮也越来越激烈。趁着这股浪潮,伊巴露丽领导的西共第六次代表大会召开了。伊巴露丽为民主革命所作的牺牲和努力,大家都看在眼里,代表大会不仅确立了社会主义路线,还明确了共产党的领导地位,并推举伊巴露丽为主席。发表主席演讲的那一刻,伊巴露丽想起了这些年的东奔西走。她去过很多社会主义国家,参加过很多会议,她也学到了很多的知识,经历了很多的考验。对她来说,职位并不重要,她所期盼的,就是西班牙走上自由民主共和的道路,工人阶级不再被歧视,人人平等,人人有工作,人人有饭吃,人人有钱花。对她来说,自己那四个因为营养不良和无钱就医而死去的孩子,永远都是心口一块无法愈合的疤痕。既然没有了自己的小家,那么就为了西班牙这个大家,而努力奔走吧。

时间走到 1964 年,一件大事震动了伊巴露丽,那就是苏联总书记赫鲁晓夫的下台。这让伊巴露丽进行了深深的思考。她认为,西班牙共产党一定要独立。这个世界没有上帝,也没有救世主,没有谁是完全可以依靠的,西班牙共产党的革命要靠自己。伊巴露丽领导西共,与欧洲其他国家的共产党,例如与意大利共产党的关系日益密切,两党共同探索走向社会主义的新道路。然而 1968 年,苏联入侵捷克斯洛伐克。伊巴露丽此时还在克里米亚,听到这个消息时满是震惊和不可思议。在确定此事无疑之后,她的心里就只剩下愤怒了。今天,苏联可以入侵捷克斯洛伐克,明天它就有可能入侵西班牙。伊巴露丽用最快的速度赶到了苏联,她需要苏共对此作出解释。

1974 年 10 月,西共代表团与苏共代表团进行了会谈。面对伊巴露丽的质疑,苏共代表团显得有些不以为意。伊巴露丽严正声明道:"请尊重我们这些能力还不足的国家,更不要去干涉我们的内务。"苏联人的表情十分僵硬。冷战下的苏联,内部矛盾重重。虽然西共力量较弱,但正义的指责,仍然让苏联不得不认真考虑他们的抗议。以伊巴露丽与卡里略为首的西共代表团同苏共代表团在会谈后，发表公报，提出双方的关系建立在尊重平等、独立，不干涉内部事务的基础上。

5. 荣耀回归，不谢的花朵

（1）

1975年，法西斯军人独裁分子佛朗哥去世了。在西班牙国王胡安·卡洛斯一世的支持和安排下，1976年，西共在国内取得了合法地位。西共过去发展的道路有多坎坷，现在就有多顺畅。"我想我们真的能够回家了。"伊巴露丽手撑着桌子，欣慰地对西共其他领导人说道。伊巴露丽的微笑是真实的，大家喜悦的心情无法形容，他们坚持不懈的努力总算是有了结果，他们的活动终于可以登上公开的舞台了。

1977年，伊巴露丽再一次踏上西班牙的土地，她整

老年时期的多洛雷斯·伊巴露丽

个人难以抑制激动。而同行的许多人流下了激动的泪水。38 年的光阴,38 年的流浪,38 年的不懈奋斗,伊巴露丽终于回来了,她不能哭泣,她在残酷斗争的屡屡摧残和打击下,在艰难的岁月里慢慢变得坚强独立,此时虽年老,但面对走出新天地的革命事业,她还有很多事情要去做。身为西班牙共产党主席,伊巴露丽并没有放任自己休息太久。她要促进西共内部的团结。她的演说,依旧是年轻时期那样活力满满,但更多了清风般的温柔,打动了人们的内心,让每个人都感受到西共的真诚,也让他们相信,共产党是为了无产阶级而说话的。

之后,西共召开了第九次、第十次、第十一次代表大会。伊巴露丽皆以高票得以连任西共党主席。从她决定放弃宗教投身社会主义革命的时候,她就从来没有放弃过。对她来说,对共产主义的信仰就像是一种美德。直到晚年,伊巴露丽还亲自参加矿工众多的阿斯图里亚斯省选举。可爱的老年革命家,热爱西班牙的土地,也热爱西班牙的人民,尤其是与其出身类似的清贫的矿工家庭。

(2)

1989 年 11 月的一天,伊巴露丽好像听到有人在叫她,她睁开眼睛。奇怪的是,今天她并没有感觉到疲惫。

她已经住院很久了，忙忙碌碌了一生，好像只有这会儿，才算是有些歇息的感觉。她忽然想去院子里走一走，看看初冬的清冷的风景。今天应该是个奇怪但开心的日子，她觉得自己浑身有使不完的力气。

然而，当护士看到伊巴露丽独自一人站在医院的院子里微笑时，惊慌不已，急忙要上去搀扶。伊巴露丽没有推开这双好心的双手，尽管她觉得自己现在并不需要搀扶。她微笑地看着这个年轻的女孩儿，忽然觉得人生真是好短暂。曾几何时，自己也如此年少过。是昨天？是前天？怎么转眼间，自己就老了呢？伊巴露丽被小护士搀扶着坐到了椅子上，阳光温柔地洒在她的身上。她又觉得有些懒洋洋的，刚刚那仿佛永远也使不完的力气忽然就被抽空了。她有些郁闷，但是困顿的她没有力气去纠结了。她现在只想好好睡一觉，于是慢慢回到屋里，躺上床，合起眼睛前，她仿佛又看见那个蹦蹦跳跳的小姑娘，对着那个肥壮的矿工头子吐舌头，又仿佛听见有个年轻人一声嗤笑："真是个有趣的小姑娘……"

1989年11月12日，西班牙共产党主席，多洛雷斯·伊巴露丽在医院逝世，享年93岁。

平等和自由的斗士
——布维那文图拉·杜鲁提

布维那文图拉·杜鲁提（Buenaventura Durruti，1896—1936），西班牙无政府主义运动和西班牙内战时期的代表人物之一，杰出的无政府主义战士，西班牙内战时期无政府主义者革命武装力量的重要领袖。出生在西班牙的莱昂地区。他14岁时就开始在莱昂铁路中转站工作，在1917年社会主义劳工联盟总会(UGT)发动的一次罢工运动中，杜鲁提成为其中积极杰出的参与者，被捕后流亡法国。1920年，他和一些无政府主义者组建了"团结工会"，尝试暗杀国王的行动。在西班牙内战中,他同无政府主义者联盟(FAI)和无政府工团主义的全国劳工联合会(CNT)中的同志一起,组织武装反抗弗朗西斯科·佛朗哥的军事独裁的斗争。

在西班牙内战时期,政治组织林立,各种思想、各种主义都在积极传播,无政府主义在当时的西班牙也是十分流行的。这时,杜鲁提作为一位经历过西班牙大罢工的勇士,也是一直在为着人民自由斗争的无产阶级战士。他也曾逃亡,也见过各种的人间不平。他有着典型西班牙人的样子,乐观开朗,永不言败;有着西班牙人一向惯有的血性,扛过枪,打过炮,他年纪轻轻,却久经战斗。那时,西班牙内战持续了将近3年。整个国家都陷在斗争的泥潭里中无法自拔。各帮各派、各政党纷纷涌出。杜鲁提是阅历丰富的杰出战士,他用鲜血和汗水参与西班牙轰轰烈烈的革命,他是人民英雄,也是武装领袖,他率领"杜鲁提军团"不断奋战,把自己最精彩的生命留给了战场上最坚硬

布维那文图拉·杜鲁提

的子弹。

杜鲁提为了人民的自由而奋斗的一生,在他的背后是他代表着的人民群体,他们坚定不移地反抗专制主义的独裁和欺压,直到生命的尽头。杜鲁提成为了那个时代为平等和自由战斗的象征与符号,也第一次把游击战和革命精神纲领相互联系起来,为后来的很多革命斗争提供了经验,树立了榜样。

1. 在时代的斗争中成长

(1)

1896年7月14日,布维那文图拉·杜鲁提出生在西班牙莱昂地区。杜鲁提的家庭并不是什么名门望族,父亲只是普普通通的铁路工人,母亲是健壮的家庭妇女,爱丈夫,爱孩子,爱自己平淡的生活和普通的小家庭。为了迎接这个在热情似火的季节出生的孩子,她几乎耗尽了自己的所有力量,但这真是个可爱的孩子,一出生就竭力地号哭,好像有使不完的劲儿。

时间眨眼就过去了,杜鲁提长到了14岁,但这时他看起来瘦弱极了。他个头不是很高,甚至比正常年龄段的孩子还要矮上半个头,长期的营养不良导致他的体重也是轻得可怕。说句实在的,如果风吹得大一点,有可能我们未来的无政府主义战士就会被风吹走。

莱昂的天气一直是不错的，但杜鲁提的心情却不怎么样。"我觉得明天你就应该跟着父亲去铁路上，看看中转站有没有可以做的工作。"母亲叫住了正打算出去晃荡的少年。

年轻的孩子都有着爱玩的天性，杜鲁提不仅不例外，他还比同龄人更加喜欢捣蛋。"如果我不想去呢？"杜鲁提慢悠悠地转身，试探着跟母亲商量。"那你就自己买面包吃。"

"我没有钱！"杜鲁提大声反驳。

"随你，我们不养已经有手有脚有能力干活的人。杜鲁提，你要知道，好吃懒做是没有人会喜欢的。"

杜鲁提沉默了，这并不代表他同意了母亲的观点，他这是妥协，是在威逼高压情况下的妥协，是一种战略上的暂时撤退。杜鲁提像往常一样走到河边。他常常在那里捕鱼，抓鸟。只不过每次抓住，他都会再把鱼和鸟儿给放掉。仔细听，他好像在说话："再见了，小鱼；再见了，小鸟；再见了，大树。"杜鲁提摸着他时常倚靠着睡觉的大树，一遍遍跟这些算是他朋友的"小伙伴"道别。

他知道他马上就要走了，要去铁路上工作。至于什么时候能回来，那就不知道了，未来应该是会很忙的吧。湖面是平静的，没有看见什么小鱼跃出水来送别他，姑且当他的老朋友在水底安安静静地听着。但是树上的小鸟也没有激动的表示，该叫的时候叫，不该叫的时候也还是叫着。

"今天的太阳真好。"杜鲁提这么想，暖洋洋的太阳照得杜鲁提想睡觉了。眼睛越来越沉，不多时，就听见树下传出缓慢而有节奏的呼吸声，看样子是睡着了……

（2）

在莱昂铁路的中转站，杜鲁提一双大眼滴溜溜地四处看着。杜鲁提的父亲生怕他不安分，又调皮捣蛋，但其实他的担忧完全是多余的。尽管杜鲁提很贪玩，但是他能分得清什么时候能玩，什么时候要收敛。在劳动的时候玩耍，不是杜鲁提的作风，他认为工作的时候就应该认认真真地工作。这是一个十分负责任的孩子，但父母眼里总是看到一个调皮捣蛋鬼的刻板印象。这就是早早就把他带出来工作的原因，让铁路上的人来管束他，让他知道生活并不是无忧无虑的。

杜鲁提在莱昂铁路的中转站工作了。在这里工作的杜鲁提，并没有感觉有什么是不能适应的。在他那个贫穷的家里，不管什么活计他也都是做过的。杜鲁提是一个聪明的孩子，有什么工作上不明白的地方，他就去问铁路上的老工人。只一遍，不管这老工人讲得多么的简短，杜鲁提总能领会该怎么做。很快杜鲁提就和老工人们打成一片，完全消除了年龄上的差距。杜鲁提身材弱小，当老工人们得知他已经 14 岁的时候，纷纷吃惊地表示："我们还以为你只有 12 岁。"每到这时，杜鲁提都会宽厚地笑笑，并不在意。老工人们都很照顾这个勤劳聪明的孩子，也很喜欢这个善解人意的孩子。铁路上的工作是无聊且枯燥的，日复一日，年复一年，杜鲁提觉得气氛沉闷得很，就时常跟大家讲些趣事，或者表演一些小把戏逗老工人们开心。投桃报李，吃饭的时候，也总会有人把好的东西留给他，毕竟这个孩子还在长身体呢。

　　杜鲁提的父母没想到，把自己的孩子送到艰苦的工作环境里，却像把一道温暖的彩虹送到了铁路上。年轻就有活力，有年轻人的地方，就有蓬勃的朝气。时间在欢笑声中走得特别快，杜鲁提在铁路工作岗位上迎来了 21 岁的生日。他的个头并没有长多少，勉强长到成年人的高度，但是他已经不像几年前那样骨瘦如柴了，在老前辈们的照拂下，在高强度的劳动锻炼下，他强壮了不少。但是情况似乎越来越不妙了，政府对铁路工人的监督更加严厉了，工作越来越多不说，领到手的报酬也越来越少，就连伙食甚至都不如以前。一向开朗的杜鲁提开始消沉，铁路上工人们的心情更差。一股暗流在工人群体间汹涌，无产阶级的革命火苗开始在整个西班牙的工人中燃烧起来，革命的爆发只是缺少一个时机了。

（3）

"什么？大罢工？"

杜鲁提是知道无产阶级革命的，他自己也对革命运动抱有极高的兴趣，但是他那老实厚道的父母好像却并不感兴趣。自从杜鲁提决定要加入革命运动，他就认真地了解情况、学习形势。刚开始，他很多字都不认识，但还是去借报纸来看，仔仔细细、认认真真地看。当他有不认识的字，就主动去问。他不觉得自己不识字有什么丢人，他也从不觉得拿不知道的事情去求教有什么好丢脸的。只有学习，才能进步，不懂装懂，是比丢脸还可笑可怕的事情。渐渐地，杜鲁提对无产阶级斗争有了比较全面的了解。

那时，西班牙工人运动组织林立，其中比较重要的有西班牙全国劳工联合会（简称CNT），成立于1910年，总部位于西班牙著名工商业城市巴塞罗那。建立之后，它就开始在全国宣传无政府主义，获得了很大的发展，全国劳工联合会在20世纪初的西班牙工人运动史上扮演了关键角色，并处于领导地位。其次有社会主义劳工联盟总会（UGT），杜鲁提参加的工人组织就是社会主义劳工联盟总会，当他听到准备大罢工的时候，杜鲁提立即就成了核心力量、积极分子，并且开始暗中准备大罢工。1917年，由社会主义劳工联盟总会领导的西班牙大罢工开始了。这次罢工轰轰烈烈，西班牙全国上下，每一个地方都有罢工的潮流。

"我们要工作！我们要自由！"杜鲁提在人群里跟着大家高喊，他的心情激动、情绪高涨。他觉得革命游行的机会一定要珍惜，他完全沉浸在革命的激情澎湃当中了。因此，当枪声响起时，杜鲁提一时还没反应过来。但是前方的人流忽然掉转头往后拥，凄厉的尖叫声响了起来。杜鲁提知道发生什么事情了——军警镇压！此刻的杜鲁提愤怒得像是一头西班牙公牛，红着眼睛，愣着脖子就往人群慌乱的前方冲去。

"你疯了！"忽然，杜鲁提的手臂被人抓住，有人扯着他往后跑。

"放开我，大叔。那边和我们一起奋斗的朋友正在挨枪子儿。"杜鲁提用另一只手指着慌乱的方向，又被另一个人抓他的手，两个人几乎是夹着他在疯狂地逃离现场。杜鲁提自然是抵不过的，只能任由他们拉着自己逃跑。

"你过去，也改变不了什么，那些人根本没把我们工人当人看。"好不容易跑到一个僻静的角落地带，三人都气喘吁吁。总算是跑了出来，但是现在连去哪里都不知道。后面政府的军队还在追赶围剿工人，就算是这个小角落，也并不见得是一直安全的。

"这里是不是离码头很近？"杜鲁提神色凝重地问道，已经平静下来的他，像是瞬间长大了。眉宇之间原有的孩子气，被军警镇压工人的血冲淡了，他保持了20多年的纯真之心也被冲刷得荡然无存了，血腥总是会促进人的醒悟和成长。

"是很近。"两个老工人此时还不明白这孩子要干什么，但是当他们到达码头后，杜鲁提纵身一跃，跳到了开往法国的货船上，他们就明白了⋯⋯

2. 暗杀失败，流亡海外

（1）

来到巴黎后，杜鲁提开始打听西班牙大罢工的结果。报纸，尤其是工人报纸上，随处可见的是西班牙大罢工的消息。经过这次大罢工，西班牙的工人阶级革命运动影响极广，不仅仅是国内，连欧洲其他国家，比如法国都深受震动。但他也看到了更多糟糕的情况。70多人倒在血

西班牙战乱

泊中，500多人受伤。西班牙各地监狱爆满，逮捕关押了2000多名手无寸铁的工人。杜鲁提感觉到他拿着报纸的手都在颤抖。他很愤怒，愤怒于自己的无能为力，更愤怒于西班牙政府的血腥镇压。他不只有愤怒，还有浓浓的悲伤。报纸上登载的这些血淋淋的数字也深深刺进了杜鲁提的心里。他想起，在铁路上工作时，那些好心的老工人给予他的无私关怀和帮助，甚至在最危急的关头，也不忘拉住冲动的他逃离危险。

该怎么继续奋斗呢？冷静下来的杜鲁提想到了一个现实的问题，那就是为了继续奋斗，首先要解决的是生存。巴黎是一个繁华的城市，不缺少生存的机会。杜鲁提的适应能力从来都比别人强，他有着很好的口才，也有一身技艺，还长了一张真诚的脸孔，只是现在的装束有些像个乞丐。歪打正着的是，刚刚就有位美丽优雅的妇人给他塞了些小钱。

"谢谢您，夫人！您真是我见过的最美丽的女人！"

"你倒是真会说话。"这妇人看杜鲁提举止从容，语言得体，就又给他塞了些钱。这些钱不多，但至少可以让他在巴黎吃上几顿饱饭了。杜鲁提很快在巴黎找了一份工作，一个住处，用他过硬的技术本领养活了自己。他时常去买工人的报纸，积极了解西班牙的工人状况。他也找到了法国的工人组织，从而联系上了西班牙本地的工人组织。他暗自提醒自己，不要忘记自己是一个西班牙人,西班牙还有许许多多和他父母一样的工人在等待着解放,他不能这么自私地在这里过着安宁的日子。从大罢工被武力镇压的那天起,他就下决心要走革命的道路了。如果说杜鲁提以前加入革命运动还有一些冲动的因子,那么现在,他应该就是冷静、理智、坚忍地考虑革命的事业和人生了。他想,他应该是长大了……

(2)

1920年,这时的杜鲁提已经在巴黎待了3年了。3年的时间,好像转瞬即逝,但又似乎度日如年。一直以来,杜鲁提都给革命者们提供无私的物质支持和精神鼓励,因此,他深受革命领导人的倚重。与杜鲁提接触的西班牙革命者开始劝说他回国了,加泰罗尼亚地区的巴塞罗那是西班牙的工业重镇,杜鲁提要做的就是去巴塞罗那组织工人运动。他到达巴塞罗那的时候,并不是立刻开展工人运动。杜鲁提先是了解巴塞罗那的情况。他找到了当地的工人组织,但并没有选择马上加入,而是对这些组织先展开一个系统的调查。

杜鲁提找到了志同道合者,加西亚·奥利弗和弗朗西斯科·阿喀索。3人几乎一拍即合,迅速结成了盟友。杜鲁提认为,不应该有政府,让人民做主,自己管理自己会更好。几年前政府的暴力镇压,让他对"政府"这两个字还有这个机构满怀愤怒、反感,还有恐惧。他的盟友们也是如此,这几个人都是从工人罢工的惨烈中走出来的幸运儿,也都是无政府主义的坚持者。

很快,他们又找了几个人,组建了团结工会。团结工会并没有很多人,但是杜鲁提和他的盟友们却组成了一个坚定的核心,也有着很大的战斗决心。这是工人们在遭受血腥镇压后组成的战斗队伍,那个时候,类似这样的小工人团体很多。社会是由人民组成的,而人民的力量是不可小觑的。团结工会有了一个十分大胆的想法,就是暗杀当时的西班牙国王——阿方索十三世。

阿方索十三世,是阿方索十二世的遗腹子。在他统治期间,西班牙君主制一直为革命所扰,他试图改革也取得了一定成果。尤其是一战时,阿方索十三世依靠自己灵敏的政治嗅觉,坚持西班牙的中立,才避免了被战火牵连。但是1911年之后,国王的统治愈加艰难,他不得不依靠军人集团的血腥镇压,因此工人们把愤恨的矛头对准了国王,并策划暗杀。杜鲁提参与了这次暗杀行动,但是工人们的想法和行动还是太简单天真。国王的出行本身就是少之又少,而且行踪保密,捉摸不定,即使有公开出行,也会有很多军警守卫,防范工作可以说是做得十分严密。于是,这个无政府主义的小团体决定,在国王出行的时候,用投掷炸弹来实施暗杀。毕竟没有人经过专门的射击训练，不能保证自己的枪法一击而中。因此，几个人一商量，觉得炸弹还是最靠谱的暗杀方式了。

仓促的暗杀由于准备不足，自然胜算不大。而阿方索十三世在位期间，不巧处在西班牙激烈内战的时候，国家动荡令他倍加小心。暗杀事件早就司空见惯，习以为常了。所以，杜鲁提的暗杀行动并没有成功，但是机警的暗杀者们见机不妙，就迅速逃走了，所以，团结工会也没有什么损失。只不过，国王变得更加谨慎，再想有暗杀的机会怕是找不到了。

（3）

革命者与政府之间的斗争是无处不在的，暗杀也会反过来。不久，无政府主义工团的重要成员萨尔瓦多·塞古被杀害了。这一事件传播开来，激怒了无政府主义的其他成员。当然，杜鲁提所组织的团结工会成员们更是义愤填膺。于是，无政府主义者决定展开报复。1923年，无政府主义者满怀愤恨，暗杀了西班牙天主教主教罗梅洛。

紧接着，西班牙政府也在这一年进行了洗牌，独裁者普里莫·德里维拉上台了。9月13日，德里维拉在巴塞罗那发动军事政变，宣布全国戒严，废除议会，解散所有政党，按意大利法西斯的模式建立了独裁政党、所谓的"爱国联盟"。15日,德里维拉成为军事独裁者。他镇压少数民族和工人运动,反对共产主义,逮捕工人运动领导人,迫使工人运动转入地下。

面对进攻,杜鲁提开始组织对西班牙军队进行武装反击,陆续有许多人加入他的队伍。杜鲁提率领他们先是进攻巴塞罗那的兵营,但临时组织起来的工人队伍与训练有素的政府军队还是相差甚远。尽管在最开始,军队确实被突然的进攻打了一个措手不及。但是常年征战的他们很快就重新组织起来,进行了有效的反击。杜鲁提察觉情况不妙,开始喊撤退的时候,为时已晚。在装备上,工人队伍没有政府军的装备精良;在身体素质上,工人也没有士兵那样健壮;尤其是在应变能力上,面对突发情况,工人的反应迟缓与士兵的应变灵活相差太远。最关键的是,杜鲁提率领的工人队伍人数,与巴塞罗那军营的人数相比,简直就是不值一提。所以,可想而知,在巴塞罗那的军营前,进攻者最后反而被打得溃不成军,伤亡惨重。许多战友倒在了杜鲁提的身边,仓促之下,他带着少数人逃离了那个地狱杀戮一般血腥的地方。

无政府主义者们并不甘心。既然军营进攻不下,他们就转变方向,企图破坏通往法国的铁路据点。铁路警察的力量自然是弱小的,但是得到消息的西班牙政府军队很快就赶过来支援。无政府主义者的报复行动再次遭到政府军的镇压，火车站响起了激烈的枪声和屠杀的惨叫声。混乱之中，机警的杜鲁提见机不妙，又逃脱了。

与他一起逃脱的，还有奥利弗和阿喀索。3个人同甘共苦，一起逃亡到了阿根廷，又周游列国，差不多把整个南美洲都流浪了一遍。现在仍不知道他们流浪这么多国家的原因，有可能是想看一下有没有与他们志同道合的人，也有可能是一种盲目的奔波，但他们参观了古巴和其他地区。

当杜鲁提3人再次回到巴塞罗那的时候，西班牙的伊比利亚无政府主义者联盟和无政府工团主义的全国劳工联合会，已经日益壮大，并且正在组织战斗力量来反对西班牙右翼军团的反叛，内战一触即发。

3. 保卫马德里，子弹无情

（1）

1936年，西班牙国内矛盾重重。由西班牙共产党、共和党、社会党和劳动者总同盟组织的人民阵线在大选中获胜。但是，左、右翼分子互相攻击，政府改革归于失败，旧势力和宗教人士对工人运动不满，国内政治冲突强烈尖锐，暗杀、罢工等极端事件层出不穷。累积的矛盾使得对立加剧，最终在右翼军人的策划下走向战争。战争的一方是共和国总统阿扎尼亚的共和政府军与人民阵线左翼联盟,战争的另一方是以佛朗哥为首领的西班牙国民军和长枪党等右翼反叛集团。

那时,西班牙的革命气氛是浓厚的,有记者曾写道:"巴塞罗那看起来既令人吃惊,又无法抗拒。这里的工人阶级处于统治地位。无论何种规模的建筑都控制在工人阶级手中,屋顶上都插着红旗或无政府主义者的红黑两色旗;每一面墙上都随意地涂画上锤子和镰刀的标记,以及革命党名称的首字母缩写;几乎每个教堂都被清洗过,所有神像都被焚毁。各处教堂都被一帮帮工人逐一地破坏了。"

西班牙两大无政府主义团体无政府主义者联盟和全国劳工联合会主要进行武装斗争。人们都认为,罢工和游行根本起不到实质性的作用,谁的子弹多,谁的炸弹强,谁就会是最终的胜利者。激烈的反抗斗争主要针对的是独裁者弗朗西斯科·佛朗哥。而杜鲁提则尽自己最大的力量去工作,忙着在两大组织之间做着沟通调节的工作。在他看来,两大组织都是无政府主义者,因此不应该有矛盾和隔阂。所以,在反抗斗争中,两大团体一直密切合作,杜鲁提的居间协调起到了不小的作用。

（2）

然而，英勇的战士和他的同伴们也都是要上战场的。战场，就意味着会流血和死亡。所以，当杜鲁提接到他最好的伙伴和战友阿喀索牺牲的消息时，他并不感到意外。他把悲伤和愤怒化作战场上勇猛的战斗，向敌人倾泻仇恨的子弹。

1936年7月24日，这一日距离阿喀索的牺牲只有一周。杜鲁提的生命中，也只有那一周的时间来为死去的战友尽情哀悼。因为西班牙内战还未停止，他也要拿起枪来战斗。在这一天，大约有3000名无政府主义战士跟随杜鲁提进军萨拉戈萨，历史上称这支队伍为"杜鲁提军团"。但是，杜鲁提军团在卡斯佩与敌人狭路相逢。只是短暂的一个交锋，却死伤无数。因此，杜鲁提军团需要休养，这导致进军萨拉戈萨的计划被一再推迟，直到杜鲁提牺牲也没能实现。

1936年11月初，右翼叛军进抵马德里城郊，马德里保卫战打响了。共和国政府不得不迁往巴伦西亚，新组建的国际纵队2个旅紧急赶赴前线，在J.米亚哈将军指挥下加强防御。12日，一位无政府主义领袖给杜鲁提下了一道命令，让他带着杜鲁提军团去支援马德里。马德里眼看就要守不住了，情况万分危急。因此，这位领袖就想到了杜鲁提，并把他派了过去，想让他协助坚守马德里。

子弹在周围飞来飞去，一些炮弹呼啸着飞来，爆炸，尖啸，又是爆炸。然而，比公开的进攻还要恐怖的是狙击手的射击。当遭遇攻击的时候，最害怕的不是被打中，而是不知道什么时候会被打中什么部位。1936年11月19日，杜鲁提在阿拉贡地区的一次反攻中，中弹身亡，年仅40岁。有人认为他死于战友的误伤，也有人认为他是牺牲于敌军狙击手的精准射击。

超过50万人的无政府主义者和巴塞罗那市民集合起来，参加了送别杜鲁提的葬礼，向这位伟大的战士致以最后的敬意……

后　记

"一带一路"相关国家众多，代表性人物众多，为中外交好、民心相通作出杰出贡献的人士众多。因此，为"一带一路"璀璨群星立传，既使命光荣，又责任重大。在这项浩大工程的策划、组织、执行过程中，有许许多多的人士参加了有关传主的名单征集和审定，以及写作、翻译、审读、编辑、出版、筹资、联络等繁重而琐细的工作。所有参与的人员，以拳拳报国之心，尽深厚学养之力，克服了时间紧、任务重、要求高、压力大等诸多困难与挑战，最终圆满完成了任务。在本书付梓之际，丛书编委会特向参与本项目的全体同志致以崇高敬意和衷心感谢！

　　同时特别需要鸣谢的是，提出策划并领导实施此项目的中国传记文学学会会长王丽博士，基于长期法律实务经验和担任"一带一路服务机制"主席职务的便利，她对相关国家和"走出去"的"一带一路"建设者和广大青少年的需求了解真切，提出应当为他们写一套介绍各国典型人物的简明易读的传记，为他们提供健康的精神食粮。她把这项"额外"的工作当成了事业，联袂商会筹集资金、苦口婆心招揽作者、精心挑选传主名录、夙夜青灯挥笔写作、近乎偏执逐字推敲、亲力亲为呕心沥血。面对如此浩大的出版项目和繁重的出版任务，中国出版集团华文出版社不但毅然承担了出版任务，而且集团和出版社的领导与中国传记文学学会的负责同志一起协商，寻求有关部门的支持和帮助，努力将该传系打造成高质量的精品好书。在此，我们特向项目牵头人和中国出版集团公司、华文出版社的相关领导和编辑致以崇高敬意和衷心感谢！

　　尤其让我们感动的是，在项目执行过程中，一些富有家国情怀的民间商会和企业家的慷慨解囊，虽不足以支撑项目的全部费用，但是他们所表现出的热心和支持，让我们坚定了走下去的信心和决心。在此，我们要特别鸣谢为本书的创作出版做出捐赠支持的中国民营经济国际合作商会、亿阳集团股份有限公司、富通集团有限公司以及太平洋证券股份有限公司,并对他们的拳拳报国之心和慷慨无私帮助致以崇高敬意和衷心感谢!

  一项伟大的事业,离不开许多默默无闻的奉献者。在本传系的组织、编写、出版过程中,有历史、文学、科研、外交、教育、法律、翻译、出版等领域的数百位专业人士参与,恕不能在此处一一详列。需要特别提出的是,鞠思佳、景峰等同志为组织联络、搜集资料到处奔波而毫无怨言,唐得阳、唐岫敏、白明亮、谭笑等同志在编写、翻译和编辑、校对过程中的细致与负责让我们感动,赵实、胡占凡、高明光、吴尚之、刘尚军、李岩、王灵桂、李永全、陈小明、许正明、宋志军等同志睿智的指点和专业的帮助让我们避免了走许多弯路。在此,我们特向以上各位同志致以崇高敬意和衷心感谢!

  当然,由于我们水平所限,本丛书难免有某些不尽人意之处和瑕疵,敬请学界专家和各位读者不吝赐教,我们将在作品再版之时吸收完善。在此,我们也向各位读者提前表示崇高敬意和深深感谢!

"'一带一路'列国人物传系"编委会
2018年3月8日